LA PHILOSOPHIE DE BERGSON

REPÈRES

REPÈRES PHILOSOPHIQUES

Directeurs : Ruedi IMBACH et Michel MALHERBE

LA PHILOSOPHIE DE BERGSON

REPÈRES

par

Anne-Claire DÉSESQUELLES

PARIS

LIBRAIRIE PHILOSOPHIQUE J. VRIN

6 place de la Sorbonne, V e

2011

© *Librairie Philosophique J. VRIN*, 2011
Imprimé en France

ISSN 2105-0279
ISBN 978-2-7116-2376-1

www.vrin.fr

ABRÉVIATIONS

DI *Essai sur les données immédiates de la conscience* (1889)

MM *Matière et mémoire* (1896)

R *Le Rire* (1900)

EC *L'Evolution créatrice* (1907)

ES *L'Energie spirituelle* (1919)

DS *Les Deux sources de la morale et de la religion* (1932)

PM *La Pensée et le mouvant* (1934)

LA VIE D'HENRI BERGSON

UNE EXISTENCE DISCRÈTE

De sa vie, Bergson a toujours voulu qu'on parlât le moins possible. Non seulement il n'a pas écrit d'autobiographie, mais une telle entreprise lui aurait même été tout à fait étrangère. La seule biographie qu'il a revue puis autorisée est celle esquissée par J. Chevalier dans le second chapitre de son livre publié en 1926. Or elle nous apprend aussi peu que rien de sa vie familiale. Pas un mot sur sa femme, Louise Neuburger, qu'il avait épousée en 1892, et dont la mère était cousine germaine de celle de Marcel Proust. Ceci explique que le romancier ait été garçon d'honneur au mariage de Bergson. Pas davantage n'y est-il question de l'infirmité de sa fille Jeanne, née sourde, et qui travailla la peinture et la sculpture sous la direction de Bourdelle. Car Bergson entendait que rien ne fût rendu public de ce qui était privé. «Qu'on ne s'occupe pas de ma vie, qu'on ne s'occupe que de mes travaux», prescrivait-il en 1935 dans ses «Instructions concernant ma biographie». Rien ne lui semblait, écrivait-il, plus fallacieux ni plus vain que de prétendre éclairer l'œuvre d'un penseur par sa vie. De surcroît, divulguer ce qu'il a toujours soigneusement caché lui paraissait une violation insupportable de son intimité. Telle était son «horreur» de voir sa vie ainsi explorée et exposée qu'il en eût même regretté d'avoir publié son œuvre. Mieux vallait, pensait-il, ne rien rendre public, que de laisser entamer ce qui n'appartient qu'aux plus proches. Un tel souci de séparer le public du privé s'est manifesté jusque dans les instructions qu'il avait laissées pour sa mort. Elle survint le 4 janvier 1941, à la suite d'une congestion pulmonaire. Conformément à ses volontés, elle ne fut rendue publique que trois jours plus tard, et c'est dans la plus stricte intimité que se déroulèrent ses obsèques. On apprit par la suite qu'étant sorti du coma il prononça durant ses derniers instants une sorte de cours. L'ayant achevé : « Messieurs, il est cinq heures, le cours est terminé ». Ce furent ses dernières paroles.

Qu'il s'agisse de lettres, de cours, de notes ou de conférences, son testament interdisait très explicitement que rien n'en fût publié après sa mort. Ne fait donc véritablement partie de son œuvre que ce qu'il en a lui-même avoué en le publiant comme tel. Il demandait même à sa femme et sa fille de poursuivre devant les tribunaux ceux qui contreviendraient à ses volontés.

Peut-être n'y eut-il pas de trait plus constamment remarqué par ceux qui eurent l'occasion de fréquenter Bergson que ce soin discret de ne rien laisser transparaître de son intimité. Telle était sa réserve qu'elle put parfois sembler une sorte de distance. Calme jusqu'à paraître froid, il était avenant sans être familier, se refusant par délicatesse à toute confidence. Des camarades de lycée ont décrit ses cheveux blonds, ses yeux bleus méditatifs, ses manières distinguées. Aussi brillante qu'ait été sa scolarité, il n'en manifesta pas moins toujours autant de modestie que de simplicité. Il excellait en effet aussi bien dans les matières scientifiques que littéraires. La preuve en est qu'il obtint au Concours Général à la fois le prix de mathématiques et celui de rhétorique. Sa famille étant installée à Londres, il en fut séparé dès l'âge de neuf ans et dut à cette circonstance une longue expérience de la solitude. De 1868 à 1878, il fut interne à l'institution Springer et suivait les cours du lycée Bonaparte (devenu plus tard le lycée Condorcet) où il était boursier. S'étant présenté au concours de l'Ecole Normale lettres, il y fut admis troisième. Ses camarades se rappellent qu'il passait ses journées à la bibliothèque de l'Ecole. Jaurès y était son condisciple. L'un était aussi chaleureux et extraverti que l'autre semblait introverti et distant. Toutefois, lors d'une joute oratoire organisée par un professeur, Bergson se révéla d'une tout autre éloquence, mais plus efficace encore, que celle de son rival. Sans tenter d'éveiller l'émotion comme l'avait fait Jaurès, si serrée, si continue était la trame de son argumentation, si subtiles et originales en étaient les analyses, si élégante en était l'expression, que l'auditoire en avait été envoûté. Sa réserve, sa douceur, un aussi constant recueillement dans l'intériorité, n'empêchaient pas ses auditeurs d'être subjugués par le développement et le rythme de sa parole. Ceci explique l'immense succès qu'allaient avoir plus tard ses cours au Collège de France. On raconte que parfois, la salle étant bondée, certains se pressaient sous les fenêtres pour entendre sa conférence. Aussi comprend-on qu'en 1911, dans un entretien avec J. Morland, Bergson n'ait pas hésité à comparer son cours à un concert dont le rythme peut se communiquer à beaucoup, même si la parfaite compréhension n'en est réservée qu'à quelques uns, suffisamment cultivés et formés (*Mélanges*, p. 943).

Que la musique pût paraître à Bergson un modèle d'expressivité, la chose en est rendue vraisemblable par le fait que son père n'était pas seulement un pianiste virtuose, mais qu'il était aussi compositeur. D'origine polonaise, Michaël Bergson avait été en effet, très jeune, élève de Chopin, avant de devenir concertiste, puis professeur et même directeur du Conservatoire de Genève. Aussi est-il permis de penser que les réflexions de Bergson sur la durée, la création et l'émotion sont peut-être redevables à l'atmosphère musicale qui imprégna son enfance.

Le paradoxe d'une telle existence est donc qu'autant de célébrité et même de gloire soient arrivées de son vivant à un homme qui paraissait n'avoir de goût que pour l'austérité et le secret. Remarquée par les philosophes et par les savants, *Matière et mémoire* lui a valu son élection au Collège de France en 1900. C'est là qu'il développa ses sujets de prédilection : la mémoire, la liberté, la volonté, le rapport de l'esprit et du cerveau, la personnalité, l'évolution. Malgré les réticences de certains biologistes, *L'Evolution créatrice* fut, elle aussi, si bien accueillie qu'elle fut presque aussitôt traduite en plusieurs langues. Membre de l'Académie des sciences morales et politiques dès 1901, puis de l'Académie française en 1914, Bergson reçut le prix Nobel en 1928. Ces honneurs, sans doute a-t-il fait ce qui était indispensable pour les obtenir. Comment ne se fut-il pas félicité du surcroît d'audience et de notoriété qu'ils procuraient à ses livres et à sa pensée ? Mais cette notoriété ne lui en était pas moins une charge. Il s'en plaignait encore, en 1936, disant même qu'elle avait fini par lui « devenir odieuse » (*Mélanges*, p. 1555). Peut-être a-t-elle encore renforcé sa tendance spontanée à se rétracter et à protéger sa vie de toute intrusion extérieure. Malgré ses innombrables relations, rares furent ceux qui eurent accès à son intimité. Beaucoup s'étonnèrent même, comme Charles du Bos ou Jean Guitton, de la difficulté de dialoguer ou de s'entretenir avec lui. Et, en effet, n'appréciant pas plus d'être interrogé que d'être interrompu, Bergson suivait le fil continu de sa pensée. Ce monologue en était le don. Par courtoisie, il cachait si soigneusement ses émotions que son attitude en pouvait paraître conventionnelle ou impersonnelle.

Mais par générosité il était toujours prêt à offrir ce qu'il tenait pour le meilleur de lui-même, et qui était sa pensée.

UNE VIE SANS ROMANESQUE

Consacrée au travail philosophique et aux charges de l'enseignement, est-il si surprenant que la vie de Bergson n'ait guère été plus romanesque que celle de Kant ? Certes, William James le regrettait. Mais c'était pour la publicité qu'une existence plus tumultueuse eut apportée à ses conférences sur Bergson. Aussi n'hésite-t-il pas à lui demander, dans une lettre du 8 mai 1908, non seulement des renseignements sur sa vie mais aussi, autant qu'il serait possible, des « aventures remarquables, romanesques ou héroïques » (*Mélanges*, p. 764). Dès le lendemain, Bergson lui adressait un *curriculum vitae* extrêmement court, rappelant sa naissance à Paris le 18 octobre 1859, puis les grandes étapes de sa formation et de sa carrière. De faits marquants ou d'actions d'éclats, il n'y en a pas. Ses seules aventures furent intérieures.

À Angers où il avait été nommé professeur après avoir obtenu l'agrégation en 1881, s'était toutefois produit une sorte de tournant ou de bouleversement qui avait donné à sa pensée une orientation nouvelle. Durant ses années d'École, il s'était plus occupé de mathématiques et de physique que de philosophie. Imprégné du scientisme ambiant, adhérant aux thèses mécanistes de Spencer, il voulait se consacrer à la philosophie des sciences. Faute qu'elle prît appui sur des expériences concrètes, la métaphysique lui semblait trop souvent se complaire dans un spiritualisme aussi vague qu'abstrait. Aussi est-ce par un surcroît d'exigence scientifique qu'il allait être amené à critiquer les données de la science. Ce fut en effet en examinant de près la notion de temps utilisée par les scientifiques, qu'il se rendit compte de l'incapacité de la science à penser la durée réelle. Par ses calculs et ses mesures, elle rapporte le qualitatif au quantitatif, le continu au discontinu, le mouvement à l'espace parcouru. Par ses prévisions, elle rapporte l'effet à la cause, l'avenir au présent, le nouveau à l'ancien. Elle ignore donc à la fois le caractère hétérogène et le pouvoir novateur de la durée.

Telle est la découverte qui fut à l'origine de son *Essai sur les données immédiates de la conscience*. Bergson l'écrivit tout entier à Clermont-Ferrand où il enseigna pendant cinq ans au lycée Blaise Pascal, tout en étant chargé de cours à la Faculté des lettres. L'*Essai* constituera sa thèse principale qu'accompagnera une thèse complémentaire écrite en latin, selon les usages de l'époque, sur la notion de lieu chez Aristote. Leur soutenance eu lieu à la Sorbonne le 27 décembre 1889. Bergson regretta que les membres du jury ne l'eussent pas davantage interrogé sur la question qu'il tenait pour la plus fondamentale de son œuvre, celle de la liberté. Il manifestait par là avoir dû renouer avec la métaphysique qu'il avait d'abord délaissée. À l'inverse de ce qu'avait pensé son professeur de mathématiques au lycée, M. Desboves, c'est donc bien la philosophie et non la science qui était sa vocation. Les exceptionnelles aptitudes de Bergson pour les mathématiques n'en expliquaient pas moins le jugement de son professeur. Y manifestant un pouvoir d'invention inhabituel, il avait en effet résolu le problème des trois cercles évoqué par Pascal. Si élégante et originale était la solution que M. Desboves la publia dans une étude sur Pascal. Aussi fût-ce contre l'avis de son professeur que Bergson s'était décidé à préparer Normale-lettres. Celui-ci lui en aurait exprimé sa déception : « vous pouviez être un mathématicien, vous ne serez qu'un philosophe. Vous avez manqué votre vocation ».

Il n'est donc pas surprenant qu'en consacrant toute sa vie à la philosophie, Bergson n'en ait pas moins continué à s'intéresser aux sciences. De ce qui avait concouru à la formation de sa pensée, il faisait une règle pour toute éducation. C'est ainsi que, dans un discours sur la spécialité qu'il prononça le 3 août 1882 à Angers, il avait montré la nécessité d'une formation générale unissant les disciplines littéraires aux scientifiques. Comme l'esprit est un, il lui faut développer en même temps ses diverses aptitudes. Si les études scientifiques sont nécessaires à tous, elles le sont encore plus à ceux qui se destinent à la philosophie. Sans doute l'étude de la conscience relève-t-elle de la philosophie. Mais comment se développerait-elle et s'approfondirait-elle si elle n'était éclairée par ce que décrivent la neurologie, la psychophysiologie, la psychologie sociale, de ses rapports avec le cerveau, la vie ou la société ? C'est pourquoi Bergson rappelait en 1916 aux étudiants madrilènes que le philosophe doit tout d'abord se faire mathématicien, physicien ou biologiste, s'il veut ensuite se rendre capable d'intuition. La connaissance et l'analyse des faits scientifiques précèdent la saisie intuitive de leur principe. Aussi les livres de Bergson sont-ils tous autant de dialogues avec la science de son temps : l'*Essai* discute les résultats et les méthodes de la psychophysique ; *Matière et mémoire* examine ceux de la psychophysiologie ; *L'Evolution créatrice* s'appuie sur les données de la biologie et de la paléontologie ; *Durée et simultanéité* répond à la physique d'Einstein ; *Les Deux sources* reprennent aussi bien les résultats de la sociologie que ceux de l'ethnologie. Parce que l'esprit s'insère dans la matière, et parce qu'il n'y a rien de si intérieur qui ne tende à s'exprimer dans une action, c'est l'extérieur qu'il faut observer pour découvrir l'impulsion qui s'y exprime. Aussi le philosophe doit-il compléter les données de son observation intérieure par les résultats de l'expérimentation scientifique.

Non seulement la philosophie a besoin de la science, mais il faut même qu'une science positive, parvenue à sa pleine maturité, lui serve de modèle. Seul un examen soigneux des faits lui donnera en effet suffisamment de précision et d'exactitude pour constituer une « science de l'esprit » (PM, p. 85), et pour, enfin, entrer dans son âge positif. On voit combien Bergson adhérait au positivisme de son temps, tout en refusant l'idée que la métaphysique puisse être révolue. Contre Auguste Comte, il n'a cessé de montrer que l'observation intérieure peut être tout aussi rigoureuse que l'observation scientifique des faits extérieurs. Une telle réhabilitation de la métaphysique devait donc avoir d'abord passé par une critique du scientisme ambiant. Non seulement une part de la réalité échappe à la science, mais en s'aventurant hors de son domaine propre, elle déforme la réalité qu'elle saisit. Aussi bien dans *l'Essai* (1889) que dans *Matière et mémoire* (1896) sont ainsi dénoncées les erreurs d'une psychologie qui prétend étudier scientifiquement la conscience à partir des stimuli extérieurs ou des mouvements cérébraux. S'étant d'abord concentré sur une critique de la science, Bergson lui a toutefois reconnu de plus en plus de valeur à mesure que se développait son œuvre. Alors que *l'Introduction à la métaphysique* (1903) en fait une connaissance souvent relative au point de vue extérieur pris sur l'objet ainsi qu'aux symboles utilisés pour l'exprimer, *L'Evolution créatrice* (1907) lui donne le statut d'une connaissance absolue, aussi limité que puisse et que doive être son champ. Ce qu'elle peut connaître, elle l'atteint en effet dans sa vérité, même si ses théories s'affinent progressivement. *Fantômes de vivants* (1913), *La Philosophie de C. Bernard* (1913), puis *Les Deux sources* (1932) vont jusqu'à reconnaître dans les grands savants des esprits supérieurs, des génies. Science et métaphysique sont donc deux genres de connaissance complémentaires et d'égale dignité, l'une se concentrant sur l'aspect extérieur du réel, tandis que l'autre saisit sa vie intime.

L'esprit positif de Bergson se manifeste dans cet intérêt constant pour la science, mais aussi dans la prise en compte de ce qu'on appellerait aujourd'hui la «parapsychologie». Ainsi, lorsqu'il était à Clermont-Ferrand, participait-il souvent à des séances d'hypnotisme, où il devint magnétiseur. Il en a rapporté ses observations et ses analyses dans une conférence sur la simulation inconsciente qu'il fit le 9 juillet 1886. De même, presque vingt ans plus tard, professeur au Collège de France, il se rendit à la Société londonienne de recherche psychique pour parler de la télépathie et critiquer les préventions suscitées par de telles expériences. À la fin de son tout dernier livre, il estima même que le développement de cette sorte de recherche serait bénéfique à l'humanité. En augmentant notre connaissance de la conscience et en donnant peut-être des preuves de sa survie après la mort, elle nous inciterait à vivre davantage par l'esprit, et à mieux remplir ainsi notre vocation à la création. Au lieu de rejeter ces faits qui la déconcertent, la science devrait prêter attention aux milliers de témoignages recueillis. L'intérêt de Bergson pour ces recherches ne s'explique donc pas seulement par l'engouement de beaucoup de ses contemporains pour l'hypnotisme, les tables tournantes et les fantômes. Il correspond à son exigence scientifique de n'écarter aucune expérience, aussi saugrenue ou dérangeante qu'elle puisse parfois paraître. En cela, il pousse le positivisme à son extrême : rien que des faits, certes, mais aussi *tous* les faits.

LA GUERRE DE 1914 : UN SÉISME SPIRITUEL

On comprend donc qu'en répondant en 1908 à William James, Bergson ne lui ait signalé aucun fait objectivement remarquable dans sa vie. Toute subjective, toute intérieure, la seule révolution qui s'y fût produite avait été, entre 1881 et

1883, à Angers, la découverte qu'il y a une réalité du temps irréductible à tout ce qu'en peut exprimer la science. Sa pensée n'avait plus eu ensuite qu'à se développer par un dynamisme intérieur, étudiant un problème après l'autre, sans qu'aucun événement extérieur ne vînt jamais l'affecter et moins encore l'ébranler. Il est à cet égard remarquable que sa discrétion sur les événements politiques contemporains aille jusqu'au silence. Quoiqu'il ait vécu à Paris pendant le siège de 1871 et les commotions de la Commune, il n'en a jamais dit le moindre mot. Alors que ses amis Péguy et Jaurès s'étaient si intensément engagés dans l'affaire Dreyfus, il n'a jamais exprimé publiquement aucune opinion ni pris aucune position à ce sujet. Pourtant, de même que la vie de Kant avait été ébranlée par la Révolution Française, il y eut aussi un événement pour bouleverser celle de Bergson jusqu'à la mobiliser presque entièrement : ce fut la guerre de 1914.

Il l'éprouva comme un séisme de la civilisation. Dans la lettre à J. Chevalier du 14 mars 1915, n'avouait-il pas, en effet, n'avoir d'autre souci que la guerre et n'être mu que par sa confiance en la victoire future ? À l'impérialisme allemand, la France lui semblait opposer la liberté et la force morale. Ce fils d'un père polonais et d'une mère anglaise avait identifié son destin à celui de la France. Ayant opté pour la nationalité française à sa majorité, il voyait dans la culture de ce pays le meilleur de la civilisation. Aussi n'accepta-t-il les diverses missions dont il fut chargé que dans l'unique souci de servir et de sauver une civilisation en péril. On était en 1917. Toujours plus dévastatrice, la guerre n'en finissait pas. Briand était alors président du Conseil. Pressentant l'influence que pourrait avoir sur le président Wilson un philosophe déjà célèbre, il fit demander à Bergson de partir aux Etats Unis et de s'efforcer de les engager auprès des Alliés. Inquiet d'avoir à quitter aussi longtemps sa famille, Bergson fut d'abord hésitant. Rien ne lui paraissait en outre plus douteux pour un philosophe que de pouvoir infléchir la politique des nations. C'est le danger de l'entreprise qui finalement le décida. Quand il en fut informé, il lui sembla que les risques encourus étaient la seule occasion pour lui de partager, si peu que ce fût, ceux auxquels les soldats étaient sans cesse exposés sur le front. « A courir enfin un risque on se sentait rentrer dans les conditions normales » (*Mélanges*, p. 1565).

A son grand étonnement, « cette mission fut un succès – peut-être un grand succès » (*ibid.*, p. 1557). Quelle part eut-il dans les décisions de Wilson et l'engagement des Etats Unis ? Tout ce qui relève de l'influence est impossible à mesurer. Une chose est toutefois certaine : si peu convaincu qu'il ait été au départ de l'utilité de sa mission, il en revint persuadé du rôle efficace que pourrait jouer le philosophe dans les affaires de la cité. Au travail philosophique va alors se substituer l'action politique. Retourner dans la caverne est aussi important que d'en sortir. Ainsi Briand avait-il donné à Bergson l'occasion de mettre en pratique une de ses intuitions les plus fondamentales : tout a rapport à l'action ; vivre c'est d'abord agir.

Récurrent tout au long de son œuvre, le thème du bon sens témoigne en effet de ce primat de l'action. Dès 1895, il est défini comme le pouvoir de bien s'orienter dans la vie pratique et surtout sociale (discours prononcé à la Sorbonne le 30 juillet). Soutenue par la volonté, animée par la sensibilité, l'intelligence pressent les effets des actions entreprises. Elle s'infléchit, s'assouplit, s'adapte pour suivre l'évolution des situations, prête à inventer de nouvelles solutions aux nouveaux problèmes qui surgissent imprévisiblement. Son souci principal, de nature morale, est la justice. A tout moment elle s'applique donc à déterminer ce qu'elle peut attendre de soi et des autres. Or il n'y a pas de meilleure préparation à cela que la philosophie. Comme il n'y a qu'elle pour libérer l'esprit de la sclérose de ses habitudes et de la rigidité de ses préjugés, il n'y a qu'elle aussi pour le rendre constamment sensible à l'exigence de justice. Alliant efficacité et réflexion, le bon sens est un intermédiaire entre l'action et la contemplation. Aussi *Matière et mémoire* fait-elle de l'homme de bon sens un milieu entre l'impulsif et le rêveur, entre le réflexe instantané et le refuge oisif dans le passé, c'est-à-dire entre l'extérieur et l'intérieur, le corps et la mémoire, la matière et l'esprit. Dans son livre suivant, Bergson verra dans le rire une sanction du bon sens contre les comportements automatiques et inadaptés. Savoir s'orienter dans la vie politique pour agir avec autant de justice que de discernement, voilà qui témoigne d'un esprit équilibré.

Non seulement l'action politique de Bergson a prolongé sa réflexion sur le bon sens, mais elle a enrichi et renouvelé sa philosophie. On sent dans *Les Deux sources* combien sa pratique a influencé sa théorie. La recherche des remèdes contre la guerre y est omniprésente. L'institution d'un droit international et d'instances mondiales apparaît nécessaire pour garantir une paix stable. Il y est question de la Société des Nations, à laquelle Bergson a participé après la guerre. Le gouvernement français ayant été chargé par elle de constituer une Commission pour la culture et l'éducation, c'est à lui en effet qu'en avait été confiée l'organisation. Aussi en fut-il le président de 1922 jusqu'à sa démission en 1925, pour raison de santé. Cette Commission Internationale de Coopération Intellectuelle est l'ancêtre de l'UNESCO dont l'un des sièges, grâce à Bergson, se trouve toujours à Paris. Méditant sur de telles entreprises politiques, *Les Deux sources* expliquent l'esprit de paix qui les anime par l'influence de grandes figures morales ou mystiques. Bergson avait déjà constaté en avril 1917 « l'exaltation quasi religieuse, comparable à celle des premiers croisés », du peuple américain se ralliant à la cause des Alliés (*Mélanges*, p. 1563). Ce qui caractérise ces figures exceptionnelles et en fait des exemples contagieux, c'est la santé souveraine de l'esprit qui se manifeste dans un « bon sens supérieur » (DS, p. 259). Maintenant en toutes circonstances la simplicité de l'élan malgré la complication de la situation, il lie intuition et action. Il n'y a donc jusqu'à la conception même de l'intuition qui ne se trouve ici renouvelée, puisque Bergson associait auparavant l'intuition à la perception et à la connaissance. Intuition et bon sens, pensée et action, théorie et pratique sont désormais si inséparables que Bergson adopte ce principe, exprimé dans son message au congrès Descartes de 1937 : « il faut agir en homme de pensée et penser en homme d'action » (*Mélanges*, p. 1574 et 1579).

Ainsi découvre-t-on que Bergson considérait peut-être sa propre vie autant justifiée par sa participation à la vie politique que par son œuvre philosophique. Car lui-même le confessera : le plus grand moment de sa vie ne fut ni celui où la gloire suivit la publication de *L'Evolution créatrice*, ni l'obtention du prix Nobel. C'est celui qu'il vécut le 2 avril 1917 en entendant le président Wilson annoncer l'entrée en guerre des Etats Unis : « ce fut la plus grande joie de ma vie » (*Mélanges*, p. 1564). Le but de sa mission avait été de le convaincre de prolonger son crédit aux Alliés et de s'engager militairement auprès d'eux. Il lui avait fallu pour cela triompher des réticences que la prudence et les convictions religieuses inspiraient au président, en insistant sur la nécessité de faire prévaloir la justice et la démocratie. La joie de Bergson s'explique donc moins par le succès personnel qu'il venait d'obtenir, que par le sentiment d'une sorte de régénération de l'humanité. Précisément parce que l'histoire lui était toujours apparue comme le théâtre de l'immoralité, il avait été d'autant plus frappé par le caractère désintéressé des décisions américaines, l'enthousiasme du peuple et le sacrifice de milliers de soldats. Après une seconde mission en 1918 pour demander aux Etats-Unis d'intensifier leur aide, Bergson en avait refusé une troisième, qui aurait été purement honorifique.

Si jaloux que Bergson ait été de son indépendance et si soucieux qu'il se soit toujours montré de préserver sa vie personnelle, son activité politique lui a donc révélé une nouvelle évidence : c'est dans la société que l'individu a sa destination. Parce qu'il n'est aucunement une substance, le moi n'a pas sa raison d'être en lui-même. Sa vitalité s'accroît de mêler sa vie à celle des autres. Car la vie s'étiole à rester confinée dans les limites de l'individualité, elle a besoin de circuler, de se communiquer, de se transmettre. De là vient l'idéal évoqué dans *Les Deux sources* d'une société universelle qui regrouperait toute l'humanité, et où rien n'arrêterait la propagation de l'élan spirituel. Mais la collectivité ne doit pas pour autant étouffer l'originalité de chacun. Sacraliser la société comme si elle devait se développer au détriment de l'individu, serait une déviance de la vie tout autant que de privilégier l'individu comme s'il pouvait s'isoler de la société. Le bon sens trouve le juste équilibre entre un excès de vie collective et un excès de vie personnelle, entre trop de vie publique et trop de vie privée.

Un tel équilibre est toutefois difficile à atteindre. L'attitude de Bergson a pu parfois prendre un aspect rétracté et hermétique, le retranchant dans son individualité. Mais il était aussi une personnalité publique qui a veillé à sa carrière, accepté les honneurs qu'il n'aurait pas obtenus s'il ne les avait recherchés, et qui, à partir de 1917, a consacré la plus grande part de son temps et de ses forces à son activité politique. C'est à la suite d'un long surmenage que se déclara la maladie rhumatismale dont il devait souffrir jusqu'à sa mort. De plus en plus éprouvante, elle lui rendit extrêmement difficile la rédaction des *Deux sources*, publiées vingt-cinq ans après

L'Evolution créatrice. Ce long intervalle montre combien Bergson a sacrifié son œuvre à ses obligations sociales. Il l'a parfois regretté, se rappelant avec nostalgie l'époque de sa vie où il pouvait consacrer ses loisirs au travail philosophique. Ce tiraillement entre privé et public, entre vie personnelle et vie sociale, transparaît jusque dans son testament. D'un côté, il refuse que soit rendu public ce qui ne concerne que lui et sa famille. D'un autre, il divulgue son affinité avec le catholicisme et explique pourquoi il ne s'est pas converti : « j'ai voulu rester parmi ceux qui seront demain des persécutés ». Ce testament écrit en 1937 témoigne de la lucidité de Bergson sur le sort qui allait être réservé aux Juifs. Parce qu'ils allaient être des persécutés, sa place était auprès d'eux. Quelques mois avant sa mort en janvier 1941, soutenu par ses proches, il est allé se faire enregistrer comme Juif au commissariat de son quartier.

LA PENSÉE DE BERGSON

LE LANGAGE

C'est en éprouvant les résistances du langage qu'une pensée devient philosophique. Car les idées toutes faites sont autant d'habitudes intellectuelles où s'ankylose la vie de la pensée. Aussi Bergson avoue-t-il être entré en philosophie avec *l'Essai sur les données immédiates de la conscience*, après s'être éloigné de la « pseudo philosophie » (PM, p. 97) à laquelle il était auparavant attaché, et qui s'en tenait aux notions générales emmagasinées dans le langage. Plutôt que de partir des concepts, la pensée doit s'efforcer d'entrer en contact direct avec la chose, de se transporter au cœur même du réel. La philosophie commence donc avec l'intuition. Sans doute les premiers philosophes s'étaient-ils excessivement fiés au langage, comptant sur lui pour distinguer et classer les choses. C'est ainsi que Platon renvoyait les idées exprimées par les mots à des réalités intelligibles, et qu'Aristote rapportait le sujet grammatical à une substance immuable demeurant sous les changements. Que dans son mouvement historique la philosophie soit partie du langage, « rien de plus naturel. Elle ne disposait pas d'autre chose » (PM, p. 87). Mais elle était toutefois philosophie par l'intuition de la mobilité et de l'inquiétude de l'âme, que le lecteur attentif peut retrouver sous le travail conceptuel des Anciens. Quoique les disciples en aient souvent durci et figé la doctrine, les grandes philosophies ont un fonds d'intuition qui est comme l'esprit animant la lettre de la théorie.

Il n'en reste pas moins que la philosophie a besoin du langage pour s'exprimer et se communiquer. À la manière de la vie qui tourne à son profit une matière d'abord réfractaire, l'intuition s'efforce de trouver un compromis avec le langage qui lui résiste. Il en résulte une œuvre philosophique qui, comme l'organisme, est un *modus vivendi* ou un accommodement entre deux réalités radicalement différentes. En s'appliquant à traduire l'immatérialité de l'intuition dans la matérialité des mots, la pensée se concilie son autre, va au-devant de lui, au lieu de se figer dans une opposition aussi rigide que stérile. Mais la dualité ne peut pas être entièrement surmontée, de sorte que l'expression est inévitablement imparfaite et décevante. C'est pourquoi on trouve chez Bergson à la fois une philosophie de l'inexprimable et une philosophie de l'expression. Exprimer l'inexprimable, se lier à son autre dans un *modus vivendi*, voilà le défi de la pensée intuitive comme il est le défi de toute vie.

Le langage est en effet d'une tout autre nature que la réalité saisie par intuition. Parce que les mots désignent des genres, ils ne peuvent pas exprimer le caractère singulier de chaque individu. C'est ainsi qu'on peut parler de l'herbe en général, mais pas de tel brin d'herbe en particulier, qui est pourtant aussi distinct d'un autre qu'un Raphaël d'un Rembrandt (PM, p. 114). L'appartenance à une espèce commune n'empêche pas chaque individu d'être unique. Toute réalité étant singulière, le général ne peut être qu'une abstraction. L'intelligence forme les idées générales en extrayant les caractères communs aux choses et en négligeant leurs différences. Tout à l'inverse, en connaissant la réalité telle qu'elle est, sans

l'intermédiaire du langage, l'intuition saisit ce que l'objet a
« d'unique et par conséquent d'inexprimable » (PM, p. 181).
Nommer n'est donc aucunement la première étape du savoir,
comme Platon l'écrivait dans sa lettre à Dion. Bien plutôt, le
nom nous éloigne de la chose et nous détourne de la penser.
Méfions-nous des mots qui disent moins ce que sont les choses
que ce à quoi elles servent. Car, avant d'être utilisé pour la
théorie, le langage a originairement la fonction pragmatique et
sociale d'organiser l'action collective. En s'interposant entre
la conscience et son objet, les mots dissimulent la réalité. Non
seulement ils substituent le général à l'individuel, mais ils
substituent aussi le fixe au changeant. La notion omniprésente
d'être suggère la stabilité de ce qui reste identique à soi-même,
de ce qui échappe à l'altération et au devenir. Les substantifs
nous incitent à penser les choses comme des substances
immuables, et les adjectifs désignent des qualités identifiables
qui subsistent par-delà leur apparition ou leur disparition dans
les objets particuliers. Le rouge est toujours rouge, l'égal reste
égal. Le langage suggère des choses stables et des essences
invariables, parce que l'action a besoin de repères fixes.
Mais la pensée se fourvoie lorsqu'elle accorde une pertinence
théorique à ce qui ne vaut que pour la pratique. En prenant
l'immuable et l'immobile pour des réalités, elle méconnaît
le caractère essentiellement mobile et changeant des choses.
Seule l'intuition peut nous guérir de ce platonisme auquel le
langage nous conduit presque irrésistiblement. Elle nous
apprend que les mots ne sont que des mots (« ce ne sont là que
des mots » PM, p. 144), c'est-à-dire des sortes d'étiquettes
plaquées sur les choses pour mieux agir sur elles. Ne leur
accordons rien de plus. Les préjugés de la philosophie et du
sens commun résultent d'une confiance excessive dans le
langage, qui nous fait croire que parler c'est penser, alors que
cela nous en dispense.

Nulle vérité ne peut donc naître du langage. Si on se contente d'agencer habilement des concepts tout faits, on ne peut parler qu'avec vraisemblance de choses qu'on ne connaît en fait aucunement. Au verbalisme de *l'homo loquax* s'oppose la sincérité du philosophe qui déchire le voile des mots pour accéder à la réalité même. Loin d'être un simple savoir-faire dont l'efficacité dépend de l'adresse, la philosophie est en effet une connaissance dont la profondeur dépend de la force d'attention. Car l'intuition est l'effort pour saisir la chose dans sa singularité et son dynamisme, au-delà de l'idée générale qu'en a formée l'intelligence. Ni purement intellectuelle comme chez Descartes, ni strictement sensible comme chez Kant, elle est «supra-intellectuelle» (PM, p. 26, 67), parce qu'elle dilate l'esprit au-delà de ses limites habituelles pour lui faire percevoir l'essence de la chose sous son enveloppe matérielle. C'est pourquoi elle se définit paradoxalement comme une «expérience métaphysique» (PM, p. 50). Si la métaphysique est ce qui nous élève au-dessus de la nature, on ne voit pas comment elle pourrait susciter une quelconque expérience. Mais la métaphysique n'est pas comprise ici à la manière platonicienne, où il s'agit de se détourner du sensible pour rejoindre l'intelligible, qui serait la véritable patrie de l'esprit. L'esprit est de ce monde, et l'intuition ne fait que l'unir davantage à ce fonds énergétique qui en est la vie intérieure. Loin de fuir le sensible, il en perçoit le noyau intime. Puisqu'il lui faut pour cela réformer la perception naturelle et donc sortir de sa condition naturelle ou native, il fait bien ici une expérience métaphysique. Bien plus, non seulement la connaissance métaphysique s'appuie sur une telle expérience, mais elle est tout entière expérience : par l'intuition, «la métaphysique deviendra l'expérience même» (PM, p. 9). Finalement, toute véritable expérience est métaphysique, de la même manière que toute métaphysique est empirique.

LA PERCEPTION

Tous s'accordent en effet à penser qu'une connaissance parfaite serait intuitive, non discursive. Dieu voit, il ne raisonne pas. Alors qu'une absence complète de perception rendrait la connaissance impossible, une perception parfaite nous ferait connaître toute la réalité. Les raisonnements ne sont donc que des palliatifs pour remédier à l'insuffisance de nos perceptions, si bien que « concevoir est un pis-aller quand il n'est pas donné de percevoir » (PM, p. 145). Le philosophe peut être tenté de construire un système abstrait, où toutes les idées se déduisent d'un unique principe. Mais il s'expose à être réfuté par une expérience qu'il avait écartée ou négligée. La logique donne aux constructions intellectuelles une solidité et une sécurité trompeuses, puisqu'elles sont à la merci des faits. Un seul fait contraire suffisant à les invalider, aucune certitude ne peut en résulter. Tout à l'inverse, lorsqu'elle est imprégnée d'intuition, une théorie philosophique se moule sur l'expérience, s'ajuste à la riche complexité des choses, suit les sinuosités d'une réalité toujours changeante. Elle est viable au sens où elle concilie les deux caractères vitaux que sont la persistance et le changement. Si elle dure, c'est qu'elle est née d'un contact immédiat avec ce que le réel a de plus essentiel, et que tous peuvent retrouver par leur propre pouvoir d'intuition. Mais elle évolue aussi à mesure que de nouveaux faits viennent la compléter ou la modifier. Il n'y a pas de signe plus probant de l'abstraction d'une doctrine que de demeurer inchangée depuis deux ou trois siècles, comme c'est le cas pour la théorie du parallélisme qui établit une stricte équivalence entre les mouvements de l'esprit et ceux du cerveau.

Lorsque la pensée s'enferme dans un système figé, elle ne peut que s'opposer à d'autres. «*Armées* de concepts différents» (PM, p. 147), les diverses philosophies s'affrontent comme sur un champ de bataille. Il n'y a pas ici *une* philosophie, seulement *des* philosophies inconciliables. Mais une pensée concrète, presque adhérente à la perception, est aussi ouverte que la réalité elle-même. Plutôt que d'imposer une théorie achevée qui exclut les autres, elle appelle autant la sympathie que la collaboration. Ainsi pourra-t-elle se développer en un processus indéfini, sans jamais se fixer dans aucune forme stable. Elle deviendra alors une œuvre collective, s'enrichissant des contributions des philosophes successifs. Bergson veut donc pacifier et unifier la philosophie, afin qu'elle progresse continûment à la manière de la science.

Sa tâche la plus urgente est alors moins de réformer l'entendement à la manière de Spinoza, que de rénover et de revivifier la perception. Il s'agit à la fois de l'élargir pour ne rien laisser échapper des nuances du réel, et de l'approfondir pour pénétrer au cœur intime des choses. Une telle extension exige que nous insérions notre volonté dans la perception, que nous voulions connaître les choses en elles-mêmes et pour elles-mêmes, au lieu de les rapporter à nos besoins comme nous le faisons ordinairement. La perception naturelle a en effet originairement une fonction vitale et pragmatique. Elle extrait du monde environnant uniquement ce qui intéresse notre conduite, ce qui appelle notre réaction. Par une «simplification pratique» (R, p. 116) et spontanée, elle élimine une multitude d'impressions inutiles qui restent inaperçues. Elle ne procède pas par une accumulation d'impressions qui s'additionneraient pour former une image, mais au contraire elle soustrait une foule d'éléments du champ perceptif immédiatement donné. Comme le tout précède ici les éléments, on ne peut pas penser comme Kant qu'elle résulte d'une synthèse

intellectuelle par laquelle l'esprit unifie les données senso-
rielles. Ce serait faire de la perception un début de connaissance, alors qu'elle est un début d'action. Loin de ne solliciter
que l'esprit, elle requiert l'activité du cerveau. Même s'il ne
produit pas la représentation consciente, c'est lui qui la limite
en sélectionnant les impressions utiles. Nul besoin d'un sujet
transcendantal pour percevoir, il suffit d'une conscience liée
à ce « centre d'action » (MM, p. 14, 153) qu'est le corps. Le
bergsonisme est une philosophie de la conscience, puisque
celle-ci est consubstantielle à la vie, sans pour autant être une
philosophie du sujet. Les animaux aussi réagissent à certaines
impressions tout en restant indifférents à de multiples autres
qui pourtant frappent leurs sens. Il n'y a donc qu'une différence de degré entre la perception animale et la perception
humaine naturelle.

Mais il y a une différence de nature entre la perception
naturelle, soumise aux exigences vitales et rivée à l'utilité,
et la perception ou l'intuition préconisée par Bergson, qui est
désintéressée. En s'affranchissant de toute considération
utilitaire, la perception suspend le processus de sélection qui la
limitait et l'appauvrissait. Si toutes les impressions étaient
clairement conscientes dans la perception naturelle, il serait
impossible de l'élargir. Mais comme la plupart sont reléguées
dans le sous-sol de notre conscience, on peut s'efforcer de les
éclairer. C'est ce que font les grands artistes, de sorte que ce
qui est possible dans l'art l'est également en philosophie : ils
révèlent ce qui est ordinairement caché. Car la fonction de l'art
n'est pas de rendre le visible en nous en procurant un double,
mais de rendre visible ce qui restait inaperçu et invisible.
Ces choses que nous montre une œuvre, nous les avions
déjà regardées mais sans les voir : « elles ne frappaient pas
explicitement nos sens et notre conscience » (PM, p. 149). Si
elles les affectaient, c'était de façon indistincte, laissant en

nous des impressions virtuelles qui n'avaient pas été actualisées. On retrouve ici la distinction leibnizienne des petites perceptions et des aperceptions, les unes confuses et insensibles, les autres conscientes et remarquées. L'art ne crée donc pas *ex nihilo* de nouvelles images ; il se borne à dévoiler et à rendre ainsi présentes celles qui étaient déjà données, mais implicitement, sans qu'on s'en aperçoive. Ainsi nous fait-il découvrir une nature que nous n'avions jamais réellement aperçue, mais aussi un moi que notre conscience ne perçoit ordinairement que de manière pauvre et sommaire.

La perception saisit en effet soit un objet extérieur par les sens, soit les états psychologiques intérieurs par la conscience. Ces deux directions possibles pour la perception distinguent les arts tournés vers le monde extérieur de ceux qui s'appliquent à exprimer les moindres nuances de nos sentiments. Aux premiers appartient la peinture qui, si elle ne faisait que reproduire les choses telles qu'elles sont vues ordinairement, pourrait certes nous impressionner par son habileté mais ne nous toucherait d'aucune manière. N'y retrouvant que le déjà-vu, nous en serions vite lassés. Si un tableau nous émerveille, c'est qu'il nous montre ce que nous avions vu sans le voir, c'est qu'il nous apprend ce que nous savions déjà inconsciemment. À la surprise d'une vision inédite de la nature s'ajoute le plaisir de la reconnaissance. Tout y est nouveau et en même temps tout est déjà là dans notre conscience. C'est ainsi que Turner rend sensibles les effets de lumière et les modulations de couleur qui nous avaient échappé. De même, Corot montre des détails inaperçus dans les paysages familiers, comme les reliefs d'un chemin ou le grain des pierres. Il nous rend attentifs à ce qui, trop habituel, ne retenait pas notre attention. Rien d'extraordinaire ni d'exotique dans cette peinture qui glorifie la banalité. Mais elle nous fait prendre conscience de multiples impressions délaissées par notre regard émoussé.

À force de regarder les mêmes choses, nous ne les voyons plus. Comme il nous suffit de les reconnaître pour savoir comment en user, nous nous contentons généralement de plaquer sur elles les images remémorées. Nous rapportons ainsi le présent au passé, le nouveau à l'ancien, sans saisir ce que l'objet a d'irréductiblement original. Alors que, ordinairement, « percevoir finit par n'être plus qu'une occasion de se souvenir » (MM, p. 68), le regard du peintre se renouvelle continuellement pour saisir le monde comme dans la fraîcheur du premier instant.

Mais le regard de l'artiste peut aussi se tourner vers l'intériorité du moi, nous dévoilant ce que nous croyions le mieux connaître et que nous ignorons en fait le plus. Nous percevons en effet nos états psychologiques à travers le filtre du langage usuel, ne retenant que les traits qui permettent de les identifier et de les nommer, c'est-à-dire de les rapporter à un genre. Poètes et romanciers saisissent plus directement et plus finement les modulations de nos sentiments. Loin de la superficialité avec laquelle nous prenons ordinairement conscience de nous-mêmes, ils éclairent les profondeurs cachées du moi, ils rendent conscient ce que nous sentions obscurément en nous. La perception intérieure s'approfondit à mesure qu'elle s'enrichit des multiples impressions que le langage et l'utilité nous avaient fait délaisser. Elle découvre sous le moi superficiel une vie absolument fluide, dynamique et originale. C'est ainsi que le poète tragique révèle l'intensité et la violence des sentiments que la vie sociale s'applique à réprimer. Toute cette tension intérieure est ordinairement recouverte par la routine des habitudes et des opinions. Parce qu'il se libère encore davantage du langage, le musicien va jusqu'à saisir ce qu'il y a sous les sentiments, « certains rythmes de vie et de respiration qui sont plus intérieurs à l'homme que ses sentiments les plus intérieurs » (R, p. 120).

On pourrait alors penser que le peintre en reste à une pure extériorité, laissant au romancier, au poète ou au musicien le privilège de la profondeur. Il n'en est rien pourtant, car « c'est la vie intérieure des choses qu'il voit transparaître à travers leurs formes et leurs couleurs » (R, p. 119). Loin de se contenter d'une vision statique de la nature, il perçoit l'élan qui traverse et dynamise toutes choses. Sans doute le portraitiste nous montre-t-il autant les détails de la physionomie que les plus infimes nuances de la carnation. Mais c'est pour mieux révéler l'énergie spirituelle qui les anime de l'intérieur et qui leur donne une unité profonde et individuelle. Un portrait raté plaque au contraire sur les traits du visage l'unité figée, superficielle et artificielle d'un type abstrait, comme celui du coléreux, du paresseux ou du cupide. Le peintre voit ici son modèle à travers l'idée générale qu'il conçoit. Il ne fait que reproduire dans leur généralité des éléments matériels et extérieurs, au lieu que le grand portraitiste saisit les aspirations profondes qui rendent la physionomie *vivante*.

On voit donc que toute perception directe et désintéressée accède à ce qu'il y a de vivant dans le réel. Elle saisit non la chose faite, mais la chose en train de se faire ; non le résultat, mais le processus. Sous l'enveloppe matérielle, elle retrouve l'effort qui produit l'objet, l'impulsion qui propulse le mobile, la poussée qui fait évoluer les formes. Son objet est indissociablement la vie et l'intériorité, parce que toute vie est intérieure et toute intériorité est vivante. La vie est en effet cette force immatérielle qui meut, transforme et organise la matière du dedans. Et l'intériorité croît, mûrit et vieillit selon une évolution essentiellement vitale. De même qu'un sentiment profond est « un être qui vit, qui se développe » (DI, p. 88), une pensée personnelle « grandit, bourgeonne, fleurit, mûrit » (R, p. 24), de sorte qu'il est tout à fait justifié de parler de « vie psychologique ». La conscience a donc tous les caractères de la vie et, inversement, étant élan, effort, vouloir, intériorité, la vie a tous les caractères de la conscience.

L'INTUITION COMME MÉTHODE

C'est en prenant l'art pour modèle que le philosophe peut, lui aussi, percevoir cette vie intérieure des choses et du moi. Mais, alors qu'une telle intuition est spontanée chez les grands artistes, elle constitue une méthode pour la philosophie. C'est originairement que la faculté de percevoir est chez eux détachée de la faculté d'agir. Ce qui les distingue n'est pas la possession d'une faculté supplémentaire, mais un rapport différent entre deux facultés présentes en tous. Ce que la nature a fait dans le génie artistique, la volonté peut alors le refaire en chacun de nous. Bien plus, contrairement au détachement naturel qui ne concerne que la perception des choses ou que la perception du moi, rendant nécessaire la spécialisation dans un art, le détachement volontaire peut être complet. Il exige une *conversion de l'attention*, qui s'intéresse désormais à ce qui, inutile à la vie pratique, était auparavant négligé. Une perception désintéressée ne consiste pas en effet à se désintéresser de tout, comme on le ferait dans le sommeil. Si « dormir, c'est se désintéresser » (ES, p. 103), philosopher, c'est au contraire se passionner pour cette énergie vitale qui est la substance du moi comme de toute chose. En renouant avec elle, nous ne serons plus étrangers à nous-mêmes et au monde, nous sentirons notre vie se revivifier de cette insertion dans l'élan créateur.

Rien de plus différent donc de la distraction du rêveur que celle de l'artiste ou du philosophe. Alors que l'esprit cesse de vouloir dans le relâchement du rêve ou de la rêverie, sa volonté est au plus haut point tendue lorsqu'il se détourne des considérations utilitaires pour se rendre attentif à la vie elle-même. Excepté dans le génie artistique, la vie en effet nous tourne spontanément vers ce qui, dans le monde extérieur, peut servir à sa conservation. Il faut donc rien de moins qu'une conversion pour que la vie se retourne sur elle-même, pour qu'elle prenne conscience d'elle-même dans une intuition. Négligeant ses intérêts, le moi s'oublie et se fond dans cette force motrice et organisatrice qu'il prend pour objet. Une telle intuition exigeant d'aller contre la pente naturelle que la vie même a imprimée à notre esprit, elle ne peut être que volontaire, et on comprend que Bergson ait pu en faire la méthode philosophique par excellence.

Procéder avec méthode, c'est pour l'esprit s'intéresser d'abord à sa propre vie plutôt qu'à celle des choses. Aussi l'intuition se définit-elle comme « principalement la connaissance intime de l'esprit, subsidiairement [c'est-à-dire d'une manière seconde et dérivée] la connaissance, par l'esprit, de ce qu'il y a de plus essentiel dans la matière » (PM, note p. 216). Sans doute la science étudie-t-elle aussi la matière, mais dans ce qu'elle a de spatial, de mécanique, de quantifiable, de répétitif, de prévisible. Si elle postule que tout est mécaniquement déterminé, cela ne signifie pas que la réalité elle-même soit de part en part soumise à la nécessité. Le déterminisme est un principe de méthode pour la science, un principe heuristique, et non un principe ontologique qui rendrait compte de toute la réalité. Il incite la science à éliminer tout ce qui est intérieur, spontané et imprévisible, pour n'extraire de la chose que ce qui peut s'exprimer mécaniquement. Du coup, elle ne saisit que de l'inerte. Expliquant l'état présent par l'état précédent, elle suppose que l'effet préexistait dans la cause, et fait du présent un simple réaménagement du passé. Il est vrai que la matière brute se prête à une telle explication, car, étant relativement homogène, tout s'y passe partout et toujours *à peu près* de la même façon. Les mêmes rapports de causalité et les mêmes lois expliquent une multitude de faits observés. Mais le scientifique néglige alors le caractère approximatif de la répétition, et la part de nouveauté irréductible que le présent ajoute au passé. Même dans la matière brute, l'inertie est moins une propriété stable qu'une *tendance* jamais entièrement réalisée. La matière tend à résister à la nouveauté, à réitérer les mêmes éléments et les mêmes enchaînements, mais elle est tout de même prise dans l'élan créateur qui est « ce qu'il y a de plus vivant dans le réel » (PM, p. 160), et de « plus essentiel dans la matière » (PM, note p. 216). Ignorant ce qui anime de l'intérieur la matière brute, la science ne peut pas davantage le saisir dans les corps organisés. Comme elle rapporte les phénomènes vitaux à des lois physico-chimiques, elle exprime la vie en termes mécaniques et donc inertes. Il en est de même pour l'esprit, dont elle ne connaît que l'aspect le plus superficiel, celui qui est en contact avec la matière et qui subit les influences extérieures. L'esprit étant la réalité la plus réfractaire à l'explication mécanique, les sciences humaines sont nécessairement moins précises que celles de la nature.

C'est moins, par conséquent, une différence de rigueur ou de certitude qui distingue la philosophie de la science, que la différence de leur méthode et de leur objet. Tandis que la science étudie le côté extérieur, quantifiable, et mécaniquement explicable, de la réalité, la philosophie s'intéresse à son côté intérieur. À l'observation des faits extérieurs se substitue alors l'expérience intime de la vie, d'abord dans le moi profond, puis dans les vivants et dans le monde matériel. Car la conscience accède plus directement à sa propre vie intérieure qu'à la leur. De même que l'art éclaire les impressions restées inaperçues, la philosophie s'efforce d'élucider ce qui est immédiatement donné à la conscience, mais dont celle-ci n'avait pas une claire perception. Aussi toute l'entreprise de Bergson dans son premier livre fut-elle de retrouver le flux continu et perpétuellement renouvelé des états de conscience, qui constitue le tissu de notre vie psychologique. L'intuition se définit alors comme « la vision directe de l'esprit par l'esprit » (PM, p. 27), ou comme « le regard intérieur de ma conscience » (PM, p. 182).

Ces formules pourraient toutefois suggérer que l'intuition se limite à une introspection où le moi ne se préoccupe que de lui-même, où il se détourne des autres et du monde. La philosophie se réduirait à n'être qu'une enquête psychologique et, finalement, narcissique. Mais en fait il n'en est rien, parce que cette connaissance du moi s'attache à découvrir ce qui est donné immédiatement à la conscience en général, et non seulement à ma conscience en particulier. Plus nous faisons l'expérience intime de nous-mêmes, et plus nous nous rendons capables de sympathiser avec les autres consciences. A l'inverse, « l'inattention à soi et *par conséquent* à autrui » (R, p. 112) caractérise le personnage comique qui, ne se souciant que de ses intérêts et de ses lubies, reste aussi étranger aux autres qu'à lui-même. Loin de nous enfermer dans notre moi, cette connaissance intuitive nous ouvre également au monde extérieur, car elle nous prépare à comprendre que toute réalité nous est apparentée. En effet, « les forces qui travaillent en toutes choses, nous les sentons en nous ; quelle que soit l'essence intime de ce qui est et de ce qui se fait, nous en sommes » (PM, p. 137). Entrer en contact avec notre vie intérieure, c'est entrer en contact avec toute vie. Seule la vie peut sympathiser avec la vie, la conscience avec la conscience, l'intériorité avec l'intériorité. On comprend alors que le moi soit la réalité qui sert de modèle pour connaître les autres réalités.

Ce « regard intérieur de ma conscience » est donc autant l'observation de l'intériorité d'un objet extérieur, que l'observation de ma propre intériorité. Il est à la fois perception

intérieure et perception de l'intériorité. Mais comment l'intuition peut-elle rester une expérience intérieure, alors même
qu'elle saisit la vie, certes intérieure, mais d'un objet qui, lui,
est extérieur ? Comment serait-il même possible de voir une
telle intériorité qui, par nature, est cachée, immatérielle, invisible de l'extérieur ? De la même façon, on peut comprendre
que l'observation du moi profond soit « une vision directe de
l'esprit par l'esprit ». Mais comment l'esprit pourrait-il voir
directement l'esprit d'un autre homme, ou voir directement ce
qu'il y a de spirituel chez les vivants ou dans le monde
matériel ? Pourtant, par nature, l'intuition est une perception à
la fois immédiate et intérieure. Le même problème se pose
pour la perception esthétique : le grand peintre perçoit l'âme
dans le corps, la personnalité dans la physionomie, l'élan
créateur dans la chose créée. Mais peut-on voir une âme, une
personnalité, un élan hors de nous ?

Ce serait impossible si la perception n'était une
interprétation, et si l'intuition se réduisait à de simples sensations. Avant l'intervention de cette « fonction métaphysique
de la pensée » (PM, note p. 216) qu'est l'intuition, s'exerce
la faculté naturelle de percevoir qui utilise la mémoire
pour identifier l'objet. C'est ainsi que les quelques lettres
réellement vues dans une phrase sont complétées par le
souvenir des mots. On a cru voir alors qu'on s'est surtout
souvenu, si bien que la perception la plus commune est
une sorte d'« hallucination » (ES, p. 98). Il y a donc beaucoup
plus dans la perception que les impressions reçues de l'objet
extérieur et sélectionnées par le cerveau. Bien plus, lire n'est
pas seulement déchiffrer, c'est comprendre le sens de ce qu'on
lit. Les quelques lettres vues sont autant de repères pour
retrouver la pensée de l'auteur. Le lecteur reconstitue par
lui-même le sens en anticipant la suite du discours, avant de
vérifier que ce sens supposé correspond effectivement aux

signes vus. On ne comprend un calcul que si on le refait, la solution d'un problème que si on le résout soi-même, un raisonnement que si on en retrouve le mouvement et les articulations. La perception peut certes exiger un effort intellectuel plus ou moins intense. Mais pour être clairement consciente, elle donne toujours un sens à ce qu'elle saisit. La perception est donc une interprétation, et « l'interprétation est une reconstruction » (ES, p. 171).

Si le peintre perçoit l'impulsion qui anime la chose de l'intérieur, c'est donc qu'il la *recrée* mentalement à partir des impressions réellement reçues. Plutôt que de donner à la chose un sens utilitaire en la rapportant à des besoins humains, il retrouve son sens intrinsèque. La perception désintéressée saisit en effet le réel pour lui-même, et non pour nous. Le monde lui apparaît comme un texte qui attend d'être lu par une conscience oublieuse de ses intérêts. C'est pourquoi Bergson compare l'intuition philosophique à l'art de la diction, à la fin de son introduction à *La Pensée et le mouvant*. Bien lire un texte, c'est adopter l'état d'esprit de l'auteur afin de retrouver son inspiration et de réinventer sa pensée. De même, loin de superposer des souvenirs utiles et des préoccupations pratiques sur les choses perçues, l'intuition recrée la poussée qui les meut, les transforme et les organise du dedans. La coïncidence ou la sympathie avec l'objet ne se réduit donc aucunement à en recevoir passivement des impressions. Elle exige au contraire du philosophe comme de l'artiste une activité recréatrice, – donc créatrice. Elle consiste en effet à « participer en esprit à l'acte qui fait l'objet » (PM, p. 64). Une telle participation n'est possible que si la conscience se rend semblable à ce qu'elle saisit, que si elle se rend créatrice pour comprendre l'acte créateur en le refaisant. Elle y participe « en esprit », parce qu'elle le reconstitue en elle-même plutôt que de se borner à voir de l'extérieur la chose matérielle qui en résulte, qui en est le résidu final. C'est de l'intérieur qu'elle revit et éprouve «l'effort qui engendre les choses» (PM, p. 66), dans une expérience effectivement *intérieure* et directe alors même qu'il s'agit de connaître le monde *extérieur*.

La vie intérieure des choses ne peut donc être connue que par une perception elle-même intérieure, alors que la perception extérieure se représente du dehors et à distance leur côté matériel. À l'observation extérieure de la science s'oppose ainsi l'observation intérieure de l'intuition philosophique, même si une part d'intuition est également nécessaire au scientifique. Sinon, il ne ferait qu'accumuler les faits au hasard en espérant y trouver ensuite suffisamment de caractères communs pour les rapporter à des genres ou à des lois. Mais, en réalité, on ne fait pas du cohérent avec de l'incohérent, pas plus qu'on ne parvient au sens en partant de l'insignifiant. Comme la philosophie, la science ne peut partir que du sens, même s'il s'approfondira, s'affinera et se modifiera à mesure que se multiplieront les expériences. Elle commence avec un effort d'explication qui oriente la recherche et qui nous fait «pénétrer *à l'intérieur* d'un fait qu'on devine significatif» (PM, p. 231). La force de la pensée se mesure à son pouvoir de saisir le sens intrinsèque du réel en intériorisant ces processus par une reconstruction mentale. L'expérience scientifique n'est donc pas un ensemble de faits bruts et extérieurs que l'esprit enregistrerait passivement, et qu'il unifierait ensuite en des généralisations croissantes afin de les comprendre. Mais elle est d'emblée active, sensée et intérieure.

L'IMAGINATION

Si on peut revivre de l'intérieur la vie intérieure des choses, c'est que les impressions reçues ne sont qu'autant de repères qui nous la font *imaginer*. Voir quelques signes écrits suffit à suivre le mouvement de la pensée qui s'y exprime, de sorte que les impressions visuelles sont seulement l'occasion ou le prétexte d'un acte de compréhension qui les déborde de toutes parts. De même, l'intuition philosophique consiste moins dans une simple vision que dans l'activité de l'imagination qui, à partir du visible, recrée le dynamisme invisible qui constitue le fond intime de la réalité. Même s'il utilise fréquemment le terme « vision » lorsqu'il parle de l'intuition, Bergson privilégie dans l'étymologie *intus*, qui désigne l'intériorité, plutôt que *intueri*, qui signifie regarder. Il ne s'agit pas en effet de contempler des essences immuables à la manière de Platon, mais de retrouver l'impulsion intérieure qui traverse les choses en la recréant en soi, sur le mode de l'imaginaire. La conscience coïncide alors avec une telle impulsion dans une perception qui est « moins une vision qu'un contact » (PM, p. 123). C'est ainsi qu'on ne comprend le devenir d'un objet qui se meut qu'en sympathisant avec lui, c'est-à-dire qu'en se transportant par l'imagination dans son intériorité : « j'attribue au mobile un intérieur et comme des états d'âme (…), je sympathise avec les états et m'insère en eux par un *effort d'imagination* » (PM, p. 178). Si je me contentais de me représenter le mobile de l'extérieur et à distance, je n'en obtiendrais qu'une image banale et insignifiante. Au contraire, en imaginant son mouvement je l'intériorise, et en l'intériorisant j'en suis affecté comme si c'était le mien. Ces états d'âme que j'attribue au mobile, c'est en réalité moi qui les éprouve quand je vis dans la hâte, l'impatience, la surprise ou l'alanguissement, les fluctuations de vitesse et les changements de direction.

C'est par une toute semblable activité de l'imagination qu'en regardant un ballet nous participons affectivement aux mouvements les plus subtils de la danseuse, ou qu'au concert nous nous émouvons des moindres inflexions d'une mélodie. Mais nous ne pouvons convertir en sentiments ce que nous voyons et entendons, de façon à en comprendre le sens intime, que si nous recréons l'œuvre comme si nous en étions les auteurs. Si nous lui restons extérieurs, la danse ne nous paraît rien de plus qu'une gesticulation vaine et incohérente, et la musique, un bruit inexpressif. Le dynamisme même de son devenir nous échappe, puisque nous tendons à le décomposer en gestes ou en sons distincts. C'est ainsi que, lorsque nous nous contentons d'écouter passivement une œuvre musicale, nous entendons des notes différentes dont les hauteurs sont reconnaissables et identifiables. Aux impressions sonores correspond alors l'image figée des signes qui s'alignent sur la partition. Projetant la discontinuité et la fixité de la partition sur la musique, nous ne pouvons pas saisir l'élan simple qui lie les sons et donne à l'ensemble son unité, sa mobilité et sa physionomie.

Il est vrai que l'imagination intervient aussi dans cette écoute passive, puisque «nous nous représentons des notes juxtaposées à des notes sur une feuille de papier *imaginaire*» (PM, p. 164). Mais, entravant la compréhension au lieu de la rendre possible, une telle imagination est toute différente de la précédente. Elle produit des images à partir de souvenirs, au lieu de reproduire un mouvement ou un changement en se passant de toute image. C'est pourquoi Bergson l'appelle «imagination visuelle» (PM, p. 165). Secrétée par l'intelligence et de même nature que la fabulation, elle se distingue radicalement de l'imagination dynamique qui s'exerce dans l'intuition. Très utile pour la pratique, elle nous cache cependant la fluidité et la continuité de la réalité, que l'imagination sans image au contraire nous révèle. Elle rend la perception froide et ennuyeuse, alors que la recréation active du devenir nous fait éprouver intérieurement et affectivement les modulations du mouvement, les variations de l'énergie, les tensions et les relâchements de l'effort créateur. Le mot «imagination» désigne donc deux opérations de l'esprit non seulement différentes mais même tout à fait opposées. Tantôt l'intuition s'insère dans un mouvement ou un changement par un «effort d'imagination, de pénétration» (*Mélanges*, p. 1224). Seule l'imagination peut en effet pénétrer à l'intérieur de la chose, reproduire la tension qui la traverse. Tantôt l'intelligence se représente le devenir au moyen d'une image, figurant alors la tension par l'extension, le mouvement par l'immobile, le changeant par un invariant, le temps par l'espace.

ACHILLE ET LA TORTUE

N'est-ce pas d'ailleurs une telle imagination visuelle qui a conduit Zénon d'Elée à ses fameuses apories concernant le mouvement ? Plutôt que de saisir l'effort par lequel Achille ou la tortue se déplacent du point de départ de la course à son point d'arrivée, il se représentait leur course sous la forme d'une ligne divisible à volonté. Sans doute une telle schématisation se prête-t-elle à la mesure et au calcul, de manière à pouvoir exprimer le mouvement en termes mathématiques. Mais elle manque ce qu'il y a de proprement mobile dans la course, puisqu'elle la réduit à l'espace parcouru. Or, *s'il se produit effectivement dans l'espace, le mouvement n'en est pas pour autant de nature spatiale*. Tout à l'inverse, il est essentiellement temporel. Loin de pouvoir être réduit à la somme des positions occupées successivement par le mobile, il se définit en fait comme *l'acte* de *passer* du lieu initial au lieu final. Figurer la course par une ligne et la position des concurrents par un point, c'est dénaturer le mouvement en le rapportant à l'immobile. C'est ce que faisait Zénon lorsqu'il exposait le paradoxe d'Achille et de la tortue. S'étant attardé sur la ligne de départ, Achille ne pourra jamais rattraper la tortue, puisqu'elle aura le temps d'avancer avant qu'il n'atteigne le point où elle était. Et pendant qu'il courra vers le nouveau lieu auquel elle est parvenue, elle avancera encore sans qu'il ne puisse jamais la rejoindre.

Voilà le raisonnement d'une intelligence qui s'en tient à des représentations spatiales. Elle est toutefois contredite par les faits, puisqu'un coureur plus rapide peut en réalité dépasser celui qui l'a devancé. Aussi Zénon croyait-il avoir ainsi prouvé que le mouvement est irrationnel, de sorte qu'il n'y aurait de connaissance possible que de l'immobile. Les philosophes se sont trop souvent fiés à de tels raisonnements, prenant alors le parti de Parménide plutôt que celui d'Héraclite, et se complaisant dans la pensée d'un être délivré du devenir. Ce n'est pas pour autant que Bergson prône un retour à Héraclite, comme a pu le faire Nietzsche. Le choix du terme « durée » est à cet égard significatif : il y a de la persistance dans le réel, et non une pure fugacité. Mais une telle persistance n'empêche aucunement le mouvement et le changement, si bien que Bergson s'éloigne à la fois de Parménide, dont Zénon est un disciple, et d'Héraclite.

En réalité, c'est un même mouvement qui s'accomplit continûment du début à la fin de la course. C'est d'une seule coulée et par un unique effort qu'Achille et la tortue se déplacent. Il est donc tout à fait arbitraire et artificiel de diviser leur course en des points successifs que la tortue atteindrait avant son poursuivant. Si nous distinguons ordinairement des positions passées ou futures d'un mobile, c'est pour des raisons pratiques. Figurer et immobiliser sont en effet tout autant un besoin vital pour agir efficacement qu'un besoin social pour coordonner les tâches. L'action exige des points de repères stables, des vues instantanées et fixes prises sur le devenir. L'erreur de Zénon est d'avoir pris un procédé commode pour la réalité elle-même. Il a donné une valeur théorique à ce qui n'a de valeur que pratique. Car il ne pourrait y avoir de positions que si le mobile s'arrêtait dans les lieux repérés, que s'il cessait de se déplacer. Au lieu d'un mouvement, on en aurait plusieurs, séparés par des arrêts. De la même façon, il est faux de penser que le mobile est en un point précis à un instant de son déplacement. En effet, « comment l'objet qui se meut *serait-il* en un point de son trajet ? Il y passe » (PM, p. 158). Les notions de point ou de position sont donc inappropriées pour penser le mouvement, puisque « en réalité, ces positions n'existent pas » (*Mélanges*, p. 1223). Ce ne sont que des images utilisées par notre intelligence pour quantifier ce qui en fait est de nature purement qualitative.

La pensée scientifique procède souvent de cette façon. Réduisant l'objet étudié à des grandeurs calculables et mesurables, elle ne saisit que ce qui est matériel et spatial. La durée ne peut que lui échapper, même lorsqu'elle fait du temps l'une de ses variables. Pour calculer la vitesse d'un mouvement, le physicien prend un point de repère initial et un autre final. Puis il les relie à la position des aiguilles sur une montre ou au chiffre indiqué par un chronomètre, au départ et à l'arrivée. Ainsi peut-il rapporter la distance parcourue au nombre de minutes écoulées. Mais il n'a d'aucune manière perçu la mobilité même du mobile, ce qui d'ailleurs ne l'intéressait pas. Il n'a pris en compte que des points et des positions immobiles, il a spatialisé le mouvement et le temps lui-même.

Aussi Zénon n'eut-il jamais été abusé par aucune aporie si son imagination visuelle, – et par conséquent spatialisante, n'avait substitué au devenir réel un schéma artificiel. Il a cru raisonner sur le mouvement, alors qu'il n'a réfléchi que sur une image représentant le trajet accompli. Rien d'étonnant à ce que les faits contredisent les conclusions d'un raisonnement aussi éloigné du réel. Son échec ne prouve en rien que l'esprit soit incapable de penser le mouvement. Mais il lui faut pour cela recourir à une tout autre méthode, et partir de l'expérience au lieu de ne l'invoquer qu'à la fin. Ce n'est bien sûr pas nous qui courons, mais Achille et la tortue. Faisons toutefois comme si nous étions Achille et comme si nous devions rattraper la tortue. Peu importe qu'il soit un personnage légendaire, l'essentiel est de s'imaginer à sa place pour vivre la course de l'intérieur. Bien loin de substituer au mouvement une simple image, cet effort d'imagination nous fait pénétrer en son cœur intime. Nous éprouvons alors que la course ne consiste pas à aller d'un lieu à un autre, puis de celui-ci à un troisième, et ainsi de suite. Mais elle accumule les foulées jusqu'à enjamber la tortue et parvenir à la ligne d'arrivée. Elle s'articule donc en des « actes indivisibles » que Zénon a ignorés, puisqu'il croyait pouvoir « la désarticuler selon une autre loi » (PM, p. 161). Seules une expérience intérieure et une imagination dynamique peuvent nous libérer des erreurs suscitées par l'imagination visuelle. Elles nous font éprouver l'élan par lequel un coureur se porte d'une seule lancée, quoique par des bonds successifs, de la ligne de départ à la ligne d'arrivée. Alors que l'intuition coïncide avec ce qu'il y a d'essentiel dans le mouvement, l'intelligence, qui s'appuie sur l'imagination visuelle, lui reste entièrement extérieure. Car son but n'est pas de sympathiser avec le réel, mais de le maîtriser, de le dominer, de le manipuler, en n'y visant qu'« un but pratiquement utile » (EC, p. 156).

Plutôt que d'imaginer la course d'Achille, nous pourrions toutefois nous-mêmes courir, afin d'éprouver l'effort sur le mode du réel et non seulement sur le mode de l'imaginaire. Plus directe, une telle expérience ne devrait-elle pas être plus révélatrice ? Il n'en est pourtant rien. Lorsque nous courons réellement, notre conscience accompagne notre effort moment après moment, de sorte qu'elle tend à le décomposer en phases successives. Notre conscience ne peut en effet qu'être contemporaine des états psychologiques qui la remplissent. En les vivant et les ressentant l'un après l'autre, c'est leur multiplicité qu'elle saisit plutôt que l'unité du courant qui les relie. Notre vie intérieure se développe en effet d'un seul élan de la naissance à la mort. Mais notre conscience le suit par un mouvement parallèle ; elle se déplace en même temps que lui. C'est pourquoi « en se retournant vers l'intérieur, elle perçoit un état d'âme, puis un autre, puis un autre. C'est elle qui se plaît à introduire la discontinuité dans notre vie intérieure » (*Mélanges*, p. 1223). L'intuition ne se contente donc pas de sentir les états psychologiques à mesure qu'ils se déroulent. Elle exige tout à l'inverse de recréer l'évolution passée afin d'y être plus attentif que la première fois, et surtout afin de la synthétiser en une « vision instantanée » (ES, p. 15). Ambiguë, une telle expression pourrait laisser croire que l'intuition saisit un instant isolé de la vie intérieure, alors qu'elle saisit au contraire une évolution psychologique qui dure tout en changeant. Mais elle ne peut percevoir son unité mouvante qu'en ramassant le passé dans le présent, qu'en concentrant toute sa durée dans un instant qui la résume. C'est par une telle condensation qu'elle appréhende l'évolution intérieure comme un tout, au lieu de la fragmenter en états psychologiques distincts. L'imagination n'intervient donc pas seulement pour sympathiser avec un mouvement extérieur, mais également pour renouer avec le mouvement interne du moi profond. C'est en faisant ainsi revivre à la conscience ce qu'elle a déjà vécu, et en lui faisant refaire ce qu'elle a déjà fait, que l'imagination lui fait comprendre son mouvement.

L'IDENTITÉ DU PENSANT ET DU PENSÉ

Qu'elle pense ce qu'il y a de plus essentiel et de plus intérieur dans un mouvement extérieur, ou qu'elle pense ce qu'il y a de plus essentiel et de plus intérieur dans son propre mouvement, la conscience imagine autant qu'elle perçoit. C'est même en imaginant qu'elle perçoit, car c'est en refaisant le mouvement qu'elle l'éprouve en train de se faire. Alors que l'imagination visuelle figure le mouvement une fois accompli, l'imagination dynamique nous fait éprouver la spontanéité du mouvement s'accomplissant. Quand le mouvement est extérieur, elle nous met à la place du mobile, elle nous transporte dans son intériorité. Quand il est intérieur, elle recrée une évolution psychologique dont nous n'avions pas d'abord conscience. Grâce à son activité, la conscience rassemble les divers moments dans une « vision synthétique » (PM, p. 67), où le tout du mouvement est plus et autre chose que la somme des positions ou des états successifs. C'est d'un coup qu'elle le saisit. En effet, « l'intuition, si elle est possible, est un acte simple [c'est-à-dire indivisible] » (PM, p. 181).

Il ne faudrait pas conclure de cette expression que Bergson doute de la possibilité de l'intuition, puisque l'art mais aussi l'expérience pratique nous en donnent des preuves. C'est ainsi que l'homme de bon sens pressent quelle manière d'agir sera la plus efficace en saisissant d'un seul coup d'œil toutes les circonstances. *Ce que le bon sens est dans l'ordre pratique, l'intuition l'est dans l'ordre théorique.* Tous deux sont si apparentés qu'ils se réunissent dans l'intuition mystique, puisqu'elle s'accompagne d'un « bon sens supérieur » (DS, p. 259). Si nous doutions néanmoins encore de la possibilité de l'intuition, le souvenir d'une expérience d'écolier suffirait à nous en convaincre. Il nous est en effet à tous arrivé, en préparant une composition littéraire et après de nombreuses lectures, de nous transporter brusquement au cœur même du sujet. La conscience s'émeut de fusionner ainsi avec son objet, c'est-à-dire de trouver son unité profonde au-delà de la multiplicité de ses aspects.

Ce que veut dire ici Bergson, c'est que la simplicité est la condition de possibilité de l'intuition. Seul un acte *simple* peut recréer le tout dans sa *simplicité. L'esprit doit donc se rendre semblable à ce qu'il examine.* La perception la plus commune n'est elle-même possible que si l'objet n'est pas entièrement étranger à l'esprit, que s'il y a quelque chose de commun entre la chose et sa représentation. Dans *Matière et mémoire*, Bergson montre que ce qu'il y a de commun entre les deux est l'image. A cette identité du sentant et du senti s'ajoute, dans la connaissance, l'identité du pensant et du pensé. Seul le même connaît le même, que ce soit en science ou en philosophie. Sans une telle parenté, le sujet ne ferait que construire son objet, il ne ferait même que le déformer. Si la science réussit dans ses explications et dans ses prévisions, c'est que l'intelligence s'est modelée sur la matière jusqu'à en adopter la structure. Originairement destinée à la fabrication, elle s'emploie d'abord à manipuler la matière brute pour la plier à ses fins. C'est parce que *l'Homo faber* précède *l'Homo sapiens* que l'esprit a pu s'assimiler par la pensée ce qu'il avait d'abord maîtrisé par le travail. Les opérations intellectuelles ressemblent aux opérations techniques et s'ajustent aux propriétés de la matière inerte. Comme tout (ou presque tout) y est mécaniquement déterminé, l'intelligence établit des relations causales ; comme tout y est étendu, elle réduit les choses à des grandeurs, elle mesure et calcule ; comme tout y est juxtaposé, elle décompose le tout en ses éléments, ou inversement elle le recompose à partir d'eux, de façon qu'il n'y ait rien de plus dans le tout que la somme de ses parties. Bien loin d'imposer au monde matériel une forme qui constituerait originairement notre esprit, comme le soutenait Kant, nous nous rendons semblables à lui dans une démarche d'abord empirique et pragmatique. On comprend alors que, élaborés par une telle intelligence, les raisonnements et calculs *a priori* des mathématiciens puissent ensuite être appliqués au monde extérieur.

Mais cette adaptation de l'intelligence à la matière n'a elle-même été possible qu'en raison de leur origine commune. Dans *L'Evolution créatrice*, Bergson montre qu'un même processus les a produites. La matière s'est constituée par la détente de l'effort créateur universel, par la retombée de l'élan originaire que sa force limitée rendait inévitable. Si l'énergie initiale avait été infinie, tout aurait été créé d'emblée, au premier instant, et on peut douter que la matière eût même existé. De la même manière, l'intelligence résulte d'une détente de l'esprit que la vie détourne de lui-même pour le tourner vers le monde extérieur. Vivre étant avant tout agir, l'esprit s'occupe naturellement des choses sur lesquelles s'applique son action. C'est inévitablement qu'il se spatialise, s'étend, se matérialise pour pouvoir s'emparer de la matière. Sans être lui-même matériel au sens où l'est un objet visible, il a quelque chose d'accordé à la matière qui le rend capable de la transformer et de la penser. Loin d'être relative à une hypothétique forme *a priori* de l'esprit, dont on ne pourrait d'ailleurs pas expliquer l'origine, la science est donc une connaissance absolue.

Ce qu'il y a de commun entre la perception naturelle et la chose extérieure, c'est l'image. Ce qu'il y a de commun entre l'intelligence et la matière brute, c'est la structure de cette matière qu'elle adopte pour la manipuler et la connaître. Mais c'est l'esprit et non la matière qui est l'objet de la connaissance philosophique. Alors que l'intelligence se définit comme «l'attention que l'esprit prête à la matière»

(PM, p. 85), l'intuition est l'attention que l'esprit se prête à lui-même. L'esprit étant d'emblée identique à soi, il semblerait ici dispensé de se rendre semblable à son objet. On pourrait penser que l'identité du connaissant et du connu est d'emblée acquise, rendant inutile tout ce processus d'adaptation inhérent à l'intelligence, et nécessaire à l'activité technique comme à la science.

Pourtant, si l'esprit était si immédiatement semblable à l'objet qu'il veut ici connaître, d'où viendrait « l'effort exceptionnel » (PM, p. 149) que requiert toute intuition ? La métaphysique serait bien plus facile que la science et progresserait plus vite qu'elle. Mais en réalité, c'est tout le contraire qui se produit. L'intelligence est en effet de plus en plus à l'aise dans l'étude de la matière, de sorte que le progrès scientifique s'accélère. Plus elle connaît de choses, et plus elle se rend capable d'en connaître, alors que la difficulté de l'intuition reste identique ou même s'accroît. La métaphysique ne se borne pas en effet à étendre davantage ses connaissances, mais elle veut approfondir ses intuitions, ce qui exige d'intensifier son effort. De surcroît, à l'inverse de la science qui travaille sur de l'homogène, elle ne peut aucunement étendre ses conclusions d'un objet à l'autre. Toute généralisation étant impossible dans l'hétérogène, elle doit renouveler son effort d'intuition à chaque nouvel objet. C'est pourquoi Bergson a toujours refusé de s'exprimer sur des sujets qu'il n'avait pas encore traités. De *L'Essai sur les données immédiates de la conscience* on ne pourrait aucunement déduire les livres ultérieurs. De même que le bon sens trouve de nouvelles solutions aux nouveaux problèmes que l'évolution de la situation ne manque pas de faire surgir, le philosophe reprend toujours à nouveaux frais la réflexion sur un nouveau problème. Bien plus, il ne peut déterminer quels sont les véritables problèmes que par un contact direct avec les

choses ; s'il se fie aux représentations habituelles de l'intelligence et de l'imagination visuelle, il se fourvoie inévitablement dans de pseudo-problèmes à la manière de Zénon.
L'avancée de l'investigation métaphysique du réel n'est donc
nullement facilitée par les connaissances déjà acquises.

On pourrait néanmoins s'étonner qu'il soit si difficile pour
l'esprit de se connaître lui-même. Mais une telle difficulté
s'explique par la tendance spontanée de l'intelligence à se
porter vers le monde extérieur, qui lui rend la matière familière
alors qu'il reste pour lui-même un étranger. Se connaître exige
alors de lutter contre sa propre pente naturelle, de manière
à changer la direction de son regard. Au lieu de se détendre
et de se matérialiser en se tournant vers l'extériorité, l'esprit
se tend, s'intériorise et se *spiritualise* en se rendant attentif à sa
vie profonde. Il brise les mécanismes et les habitudes de
l'intelligence pour acquérir la même fluidité que l'évolution
psychologique qu'il veut percevoir. En devenant davantage
lui-même, il peut se connaître d'une manière aussi précise,
certaine et absolue que la science connaît la réalité matérielle.

On voit donc que dans la science l'esprit se rend semblable
à son objet en adoptant sa structure, tandis que dans la philosophie il s'y rend semblable en s'émancipant de cette même
structure. Car il s'agit dans le premier cas d'un objet matériel,
et dans le second, moins d'un objet à proprement parler que
d'une force immatérielle. C'est en recréant par l'imagination
le processus créateur, que l'esprit s'y identifie. L'acte simple
qu'est l'intuition répète alors l'acte simple qui fait la chose.
Simplifié, purifié, dynamisé, revivifié, l'esprit peut connaître
non seulement le moi profond, mais aussi ce que la réalité
extérieure a d'essentiellement spirituel et vivant. S'éprouvant
ainsi uni à la nature, il se fond dans le tout. Une telle fusion
distingue la connaissance intuitive de la connaissance intellectuelle. Alors que l'esprit du scientifique reste à distance de

l'objet qu'il se représente, excepté lorsqu'il pénètre à l'intérieur d'un fait par un acte d'intuition, l'esprit du philosophe se rend immédiatement présent à la force qui anime l'objet. Ainsi saisit-il ce que son évolution a de spontané, et par conséquent d'irréductible au mécanisme par lequel la science explique le changement.

LE CHANGEMENT

Mais si science et philosophie rendent tout autrement compte du devenir, il pourrait sembler que l'une a raison quand l'autre a tort, ce qui remettrait alors en question le caractère certain et absolu des deux modes de connaissance. En réalité, toutefois, *il y a deux sortes de changement.* Il y a d'abord un changement mécanique, provoqué par une cause extérieure, où un objet matériel agit sur un autre objet matériel. Rien de réellement nouveau n'en sort : le présent ne fait que répéter le passé en le réaménageant autrement. Tout à l'inverse, produit par la seule action de la durée, le changement spontané est semblable aux processus vitaux du développement, de la croissance ou du vieillissement. Il résulte de l'accumulation progressive du passé dans le présent et de la tension du présent vers l'avenir, comme on le constate aussi bien dans la vie physiologique que dans la vie psychologique.

Le premier type de changement n'en est pas réellement un, puisqu'en fait rien ne change fondamentalement. Il caractérise la matière brute et s'explique effectivement par des relations causales. Le second se produit dans la vie et dans l'esprit (mais la vie est d'essence psychologique) ou, plus généralement, dans ce qu'il y a de vivant et de spirituel dans les choses. Parce qu'il fait surgir une radicale et imprévisible nouveauté, Bergson l'appelle « changement réel » ou « changement pur » (PM, p. 29 et 164). Loin de s'expliquer par l'influence d'une cause extérieure, il émane d'un dynamisme interne. C'est par une « modification interne » (PM, p. 11), une « maturation intérieure » (PM, p. 5), une « croissance par le dedans » (PM, p. 27) que la chose se transforme. Le monde matériel lui-même est pris dans un élan créateur qui y introduit de l'inédit. Le scientifique en fait abstraction lorsqu'il soumet le changement à des lois, tandis que le philosophe y applique son attention. Pour expliquer mécaniquement un changement, l'intelligence l'observe du dehors et le rapproche d'autres changements similaires. Mais l'intuition éprouve intérieurement la spontanéité et la singularité d'une évolution, en la recréant par un acte lui-même spontané et unique.

Seule la pensée intuitive peut donc coïncider avec son objet jusqu'à s'y identifier. En le pénétrant, elle est toute pénétrée de lui ; en se l'assimilant, elle s'y fond ; en l'intériorisant, elle s'y absorbe. Une telle fusion est rendue possible par l'exercice de l'imagination dynamique qui fait de l'intuition un acte. À cette condition seulement peut « naître une vision qui se distingue à peine de l'objet vu » (PM, p. 27). Mais si elle s'en distingue à peine, elle s'en distingue tout de même, de sorte que l'intuition est presque identique à ce qu'elle perçoit sans jamais l'être entièrement. Une différence même infime est requise pour que la conscience ne se perde pas dans son objet, mais qu'elle prenne conscience de ce qu'elle perçoit. La conscience ne s'éclaire en effet que si elle déborde son objet. On le constate déjà dans l'opération la plus opposée à l'intuition qu'est l'activité machinale. Lorsqu'on agit automatiquement, la pensée se résorbe si bien dans l'acte qu'elle ne peut revenir en elle-même pour s'appréhender. Nous n'avons alors pas plus conscience de nos gestes qu'un somnambule ne se rend compte des siens, parce que « la représentation est bouchée par l'action » (EC, p. 145).

De la même façon, l'intuition resterait inconsciente si la conscience fusionnait avec son objet au point de ne pas s'apercevoir de ce qu'elle éprouve. Pour qu'une expérience intérieure soit possible, l'esprit doit s'engager dans son activité de reconstitution tout en s'en dissociant suffisamment pour en prendre conscience, mais aussi pour réfléchir dessus. On se tromperait grandement en effet si on réduisait l'intuition à un sentiment ou à un instinct. Elle est avant tout « réflexion » (PM, p. 95), car elle examine attentivement ce qu'elle éprouve pour en dégager le sens. C'est ainsi que Bergson nous invite à revenir sur ce que nous sentons lorsque nous déplaçons volontairement notre main d'un lieu à un autre : « réfléchissons-y un instant » (PM, p. 158). En le recréant mentalement et en analysant ce que notre imagination nous fait sentir, nous découvrons que ce mouvement s'effectue d'une lancée, dans un mouvement absolument indivisible. Nous distinguons alors le fait, pour un mobile, de passer en un point de son trajet, et le fait d'y être, de s'y tenir, de s'y reposer. Nous finissons même par nous apercevoir que le point n'a aucune réalité, et que ce n'est pas en termes de points ou d'instants que nous devons rendre compte du mouvement, mais en termes d'impulsion, de poussée ou de force.

LA NATURE DE LA DURÉE

Une telle réflexion nous révèle que, quel que soit l'objet particulier de l'intuition, il est toujours saisi sous l'aspect intérieur de sa durée et non sous l'aspect extérieur de sa matérialité. S'étendant dans l'espace, la matière est une pure extériorité qu'on ne peut percevoir que de l'extérieur. Seule l'intériorité immatérielle et dynamique peut être perçue du dedans : la conscience ne peut intérioriser que ce qui, hors d'elle, est intérieur, recréer que ce qui est créateur, s'assimiler que ce qui est de même nature qu'elle. La durée est en effet, comme la vie, « de nature psychologique » (PM, p. 206). Si la conscience peut ici s'identifier à son objet, c'est qu'il est comme elle. C'est pourquoi la conscience passe continûment de la connaissance de sa propre durée à la connaissance de la durée dans les choses extérieures, de sorte que la première constitue sans doute un exemple privilégié pour la métaphysique, mais non pas son seul objet. De même que « la conscience est coextensive à la vie » (ES, p. 8), elle est coextensive à la durée. Comme la conscience et la vie, la durée lie par une tension intérieure le présent au passé et à l'avenir. La conscience se définit en effet comme une puissance de synthèse, comme une force qui accumule continuellement le passé dans le présent et fait tendre le présent vers l'avenir, comme un « pont » ou un « trait d'union » (ES, p. 6) entre les moments successifs.

Si rien de cette nature ne tenait ensemble les états successifs de l'univers, tout s'anéantirait et renaîtrait miraculeusement à chaque instant. En réalité, l'univers croît à la manière d'un être vivant. Comme lui, il se développe en réalisant progressivement ses multiples virtualités. Etant donné que l'organisme ne vit que grâce à la conscience qui lui est inhérente, c'est une sorte de gigantesque conscience qui prête vie et durée à l'univers envisagé comme un tout. La réalité est en effet moins un ensemble de choses qu'un ensemble d'actions, et moins un ensemble d'actions qu'un ensemble de tendances qui s'efforcent de s'actualiser progressivement. Non seulement le vivant et le moi, mais « toute réalité est donc tendance, si l'on convient d'appeler tendance un changement de direction à l'état naissant » (PM, p. 211). Consubstantiel à la durée, le changement réel est un changement de la direction de l'effort créateur, que seule l'imagination dynamique peut retrouver. Les altérations matérielles qu'il produit, et qu'on constate par une observation extérieure, n'en sont que les résidus. La matière est du tout fait, au lieu que le temps est l'acte, l'impulsion ou la poussée par lesquels la réalité se fait. C'est lui qui constitue l'objet de la métaphysique.

Tandis qu'un changement d'état dans le monde, s'il est mécaniquement produit, est prévisible, un changement de direction est absolument imprévisible. Sans ce renouvellement interne, tout serait donné d'emblée, de manière que la réalité ne ferait que déployer dans la succession ce qui était déjà là au commencement. Du coup, le temps ne servirait à rien, il ne ferait rien, et par conséquent il n'existerait même pas. Car « ce qui ne fait rien n'est rien » (PM, p. 102). C'est le cas dans les représentations scientifiques de la nature, où le temps est tout à fait inefficace. La meilleure preuve en est que leurs lois resteraient les mêmes si les événements se succédaient beaucoup plus vite. La succession des états de l'univers serait alors comparable au déploiement d'un éventail ou au déroulement d'un film, qui font apparaître l'une après l'autre des images d'emblée existantes. Aussi inactif qu'improductif, le temps ne serait rien. Il n'a en effet de réalité que lorsque le présent est tout différent du passé, et lorsque l'avenir ne peut pas être tracé d'avance.

Ce que découvre la métaphysique, c'est donc que la réalité ne peut pas se réduire à ce que s'en représente la science. Loin d'accumuler de simples changements mécaniquement explicables, elle mûrit intérieurement avant de se matérialiser. Elle évolue continûment, dans une progression dont on ne pourrait modifier la durée sans en changer la nature. Accélérer ou ralentir le développement serait le transformer en un autre, dont la qualité et le résultat seraient tout différents. La réalité se détermine en se faisant, elle n'est pas prédéterminée. À la façon d'un être vivant, elle tâtonne, elle cherche, elle hésite, et « le temps est cette hésitation même » (PM, p. 101). Si l'univers était dépourvu de cette vie intérieure, tout serait immédiatement produit. C'est la durée qui retarde le moment de l'accomplissement d'une tendance, ajourne l'apparition d'une nouvelle espèce, impose un délai à la fonte du morceau de sucre dans un verre. Lorsque nous regardons fondre le sucre, l'univers « *fait attendre* notre conscience ; il attend lui-même » (PM, p. 28). Il attend parce qu'il vit, parce qu'il évolue, parce qu'il est pris dans le même élan créateur que notre conscience et celle des vivants.

Mais l'intelligence ne tient pas compte de la nature créatrice de la durée. Elle fait comme si le présent s'ensuivait du passé, comme s'il était contenu en lui à l'état de possible. C'est ainsi qu'on croit rendre compte d'une action humaine en la rapportant aux motifs qui l'ont précédée. Mais, en réalité, une action libre ne préexiste pas plus dans l'intention de l'agent qu'une œuvre d'art ne préexiste dans l'esprit de l'artiste avant qu'il ne la réalise. Sinon, l'action n'aurait rien d'imprévisible et, par conséquent, de libre. Elle ne ferait qu'ajouter l'existence à un contenu déjà formé. Les motifs invoqués ne sont donc que des vues figées prises sur le devenir psychologique qui a abouti à l'action. Une fois celle-ci accomplie, on croit en retrouver des antécédents dans le passé. Ce n'est toutefois là qu'une illusion rétrospective. D'une manière similaire, c'est après coup que l'historien découvre, dans le passé collectif, des signes annonciateurs de la situation présente. Les isolant de la masse confuse des événements, il les considère comme des causes et leur donne le statut de faits historiques. Cette « logique de la rétrospection » (PM, p. 19) pourrait laisser croire que la situation était prévisible, alors qu'elle est, pour une grande part, le fruit imprévisible d'une action libre et progressive.

Même lorsqu'elle étudie le monde matériel, l'intelligence procède de manière régressive, en s'efforçant de retrouver les causes des phénomènes observés. La question fondamentale des sciences de la nature est en effet de savoir comment un phénomène a été produit, de manière à pouvoir le reproduire. En reconstituant les chaînes causales, le scientifique se représente donc le déjà fait, il ne saisit pas le se faisant. C'est pourquoi il peut découper le devenir en états stables et isolés, dont l'un procède mécaniquement de l'autre. Cette méthode régressive ne l'empêche certes pas de prévoir, car le monde matériel est presque entièrement soumis à la nécessité, contrairement au monde humain. Mais prévoir revient à voir l'avenir sous la forme du déjà accompli, puisqu'on y projette l'image d'un événement survenu ou d'un mouvement achevé. On fait ainsi abstraction de la part irréductible de nouveauté qui surgit tout de même dans le monde matériel.

L'action effective du temps ne peut donc être comprise que par une conscience qui recrée le devenir des choses, et qui reconnaît dans la durée sa propre nature. Mais elle reste opaque à l'intelligence, car celle-ci, utilisant l'imagination visuelle, superpose au devenir des images statiques qui sont autant de « schémas artificiels » (PM, p. 157) et déformants. C'est ainsi que nous nous représentons souvent le temps comme une sorte de récipient accueillant les événements successifs. Nous avons l'impression que, se déroulant à la même vitesse, indifférent à la rapidité ou à la lenteur des changements et mouvements qu'il contient, il reste toujours identique à lui-même. Tout varie en lui, mais lui-même semblerait invariable. Par une telle représentation, nous dissocions temps et devenir, en faisant du temps le lieu du devenir. On comprend alors que Kant ait pu en faire une forme *a priori* de notre sensibilité, indépendante du contenu empirique qu'elle reçoit. Il pensait en trouver la preuve dans l'impossibilité pour notre conscience de se représenter un phénomène hors du temps, alors qu'elle peut se représenter un temps sans phénomène, un temps vidé de tout contenu.

Une telle preuve est toutefois discutable. Sans doute pouvons-nous en effet nous représenter un temps où il ne se passe rien *d'intéressant*, rien qui puisse répondre à nos désirs ou satisfaire notre attente. C'est le temps de l'ennui. Mais son apparente vacuité cache un contenu psychologique lui donnant une tonalité affective particulière. Encore ne se réduit-il pas à n'être que le réceptacle d'un tel contenu, mais il le modifie continuellement. L'attente s'impatiente de durer, l'ennui devient insupportable. Le sentiment change de nuance, de qualité, de nature, *par le seul fait de durer*. C'est donc le temps qui, de lui-même, spontanément, engendre le change-ment. Toujours il agit, toujours il est efficace. On voit que, purement abstraite, la dissociation du temps et du devenir ne correspond à aucune réalité. Le temps n'est pas une *forme* dans laquelle se produit le changement, et qu'on pourrait donc dissocier de son contenu, comme le voulait Kant. Il est une « *force* » qui le produit (EC, p. 339), de manière que le contenu de toute évolution réelle « ne fait qu'un avec sa durée » (PM, p. 11). Évitons donc l'image du réceptacle ou du récipient qui convertit artificiellement le dynamique en statique, le variable en immuable, l'énergie créatrice en un simple lieu du devenir, la durée vivante en une éternité morte.

Une autre image, encore plus fréquente, déforme le temps en le spatialisant. Non seulement nous avons l'habitude de nous figurer le mouvement par une ligne comme le faisait Zénon, mais nous nous représentons le temps lui-même de cette manière. Dans son *Esthétique transcendantale*, Kant estimait qu'on peut conclure « des propriétés de cette ligne à *toutes* les propriétés du temps, avec cette *seule* exception que les parties de la première sont simultanées, tandis que celles du second sont toujours successives » (*Critique de la raison pure*, traduction Tremesaygues et Pacaud, P.U.F., Paris, 1984, p. 63 ; c'est nous qui soulignons).

Mais en réalité, toutes leurs propriétés sont dissemblables et même opposées. Alors qu'on peut découper à loisir une ligne, la durée est absolument indivisible. La continuité de la ligne n'est qu'apparente, tandis que celle du temps est réelle. Les segments sont en effet simplement juxtaposés : l'un finissant quand l'autre commence, ils s'excluent réciproquement de manière à rester extérieurs les uns aux autres. Tout à l'inverse, les moments s'interpénètrent, de sorte que le suivant inclut le précédent plutôt que de l'exclure. Le passé n'est pas chassé par le présent, il y survit. L'avenir lui-même agit *dans* le présent : l'attirant, le magnétisant, le dynamisant, il vit *en* lui. C'est ainsi que mon état d'âme présent est gros de tout mon vécu antérieur et coloré par mes aspirations. Plus générale-ment, si l'ensemble de l'univers croît et vieillit, c'est qu'il porte le poids de son passé et qu'il se propulse vers l'avenir sous l'impulsion de ses tendances. Contenant les moments écoulés et l'attente des futurs, chaque état est unique. Au lieu qu'un segment de ligne ne diffère d'un autre que par la place et la grandeur, un moment se singularise donc par sa qualité singulière. Aux différences de degré s'opposent des diffé-rences de nature, à l'homogénéité spatiale s'oppose l'hétéro-généité temporelle. Aucune nouveauté ne distingue un seg-ment d'un autre, alors que la durée crée à tout moment une réalité inédite. Pure extension, la ligne se différencie absolu-ment de la tension intérieure qui constitue la durée. Il n'y a jusqu'au caractère unidimensionnel de la ligne qui ne puisse rendre compte de la riche variété des changements, puisqu'une chose n'évolue pas au même rythme ni de la même façon qu'une autre.

Subrepticement à l'œuvre dans les raisonnements de l'intelligence, l'imagination visuelle nous trompe donc sur la

nature du temps. Elle nous incite à le définir comme l'ordre de
la succession, pour le distinguer de cet ordre de la juxtaposition qu'est l'espace. Nul ne conteste qu'il y ait de la
succession dans le temps, mais c'est la notion d'ordre qui
est ici gênante. Elle suppose en effet un « avant » nettement
distinct d'un « après », ce qui nous permet de ranger les états du
moi ou du monde les uns *à côté* des autres. Puisqu'on se
représente « un avant et un après juxtaposés » (PM, p. 166),
une telle définition du temps contient implicitement la juxtaposition au lieu de l'exclure. Bien plus, elle est contradictoire :
l'ordre nie la succession. On ne peut en effet juger qu'un état
est antérieur ou postérieur à un autre que si on se les représente
simultanément. Ils se juxtaposent alors dans une image figée.

Cette spatialisation du temps s'amplifie encore quand
on attribue à chacun une place déterminée, de manière à le
situer par rapport aux autres. La conscience embrasse en un
même tableau, en un unique panorama, les événements qui
l'intéressent. Une telle vision statique, où tous les éléments
sont simultanés, se distingue absolument de la « vision synthétique » par laquelle l'intuition concentre la durée pour saisir
l'élan simple qui crée une totalité mouvante. C'est tout autre
chose de percevoir une évolution se faisant, que de se représenter ses états après l'avoir décomposée. Dans le premier cas,
on éprouve « une *pure* impression de succession » (PM, p. 166)
qui n'est mêlée d'aucune simultanéité, une pure impression
de mouvement et de changement qui n'est mêlée de rien
d'immobile ou de fixe. Dans le second cas, on se contente
de faire coexister des événements dans une même image.
Agendas et calendriers nous incitent à décomposer le temps
comme s'il était de l'espace, et à distinguer ses moments
comme s'ils correspondaient aux cases dessinées. Ils nous font
croire que le temps est mesurable et calculable, qu'il peut
s'exprimer en termes numériques, alors que ce n'est possible

que s'il a d'abord été spatialisé, – donc privé de tout ce qu'il a de temporel.

LA NATURE DU PRÉSENT

Parce qu'elles nous trompent sur la nature du temps, de telles images nous trompent aussi sur la nature du présent. En *alignant* les événements ou les états, elles suggèrent que le présent est au temps ce que le point est à la ligne. Mais définir le présent comme un point est réfuté tout autant par le raisonnement que par l'expérience. On ne peut pas plus concevoir le temps comme une suite de présents instantanés, qu'on ne peut penser une ligne comme une accumulation, même infinie, de points. Les points étant par nature inétendus, on aura beau ajouter de l'inétendu à de l'inétendu, on n'obtiendra jamais de l'étendue. Aristote l'avait montré dans le quatrième livre de sa *Physique* (chapitre 10). C'est pourquoi une ligne se définit non statiquement comme une série de points, mais génériquement et dynamiquement comme la figure engendrée par un point qui se déplace. Ce n'est pas le temps qui est pensé à partir des propriétés de la ligne comme chez Kant, mais c'est au contraire la ligne qui est pensée en termes de temps et de mouvement. Additionner les points est donc voué à l'échec : s'ils se touchent, ils ne peuvent que se confondre puisqu'ils sont inétendus. De même, si rien ne sépare les instants ponctuels auxquels on réduit ici les présents successifs, ils n'en font qu'un. Seul un intervalle pourrait les éloigner, mais il est ici exclu par la définition même du temps comme une série d'instants. Un tel temps et un tel présent sont donc inconcevables, de sorte qu'« il est clair qu'un pareil instant est une pure abstraction, une vue de l'esprit ; il ne saurait avoir d'existence réelle » (PM, p. 168).

S'il n'est qu'une simple abstraction, aucune expérience n'en est donc possible. Ce que nous vivons, ce n'est pas un présent qui disparaîtrait aussitôt qu'arrivé, laissant place à un nouveau présent tout aussi fugitif. Notre présent dure. Par conséquent, il contient du passé et de l'avenir. Plutôt que de parler comme Saint-Augustin du « présent du passé » et du « présent de l'avenir » (*Les Confessions*, livre VI, chap. xx), il serait plus juste de parler du « passé du présent » et de « l'avenir du présent ». Si court soit le présent vécu, un laps de temps en sépare le commencement du terme, de sorte qu'au début la suite est à venir, et qu'à la fin le commencement est passé. Loin d'être une suite décousue d'instants évanescents, le temps se définit donc comme *l'intervalle* entre les instants qui délimitent les présents successifs. C'est essentiellement de *l'entre-deux*. Parce qu'il est de nature temporelle, un mouvement ne peut pas consister en une série de positions, mais seulement dans l'acte de franchir l'intervalle « entre deux positions successives » (PM, p. 161). De même nature, le changement ne se définit pas comme « une série d'états qui *s'aligneraient* (…) dans le temps » (p. 162), mais comme le passage graduel d'un état à l'autre.

Le temps est donc progrès, évolution, transition. Si la science ne pense pas la durée, c'est qu'elle divise le mouvement en stations immobiles, et le changement en états stables, afin de mesurer et de calculer. Elle se désintéresse de l'intervalle, qui ne peut pas être conçu, mais seulement senti et vécu. En effet, « ce qui importe au physicien, c'est le *nombre* d'unités de durée que le processus remplit (…). Mais pour nous, êtres conscients, ce sont les unités qui importent, car nous ne comptons pas des extrémités d'intervalle, *nous sentons et nous vivons les intervalles eux-mêmes* » (EC, p. 338). Comme un intervalle ne peut être vécu que par une conscience, il n'y a de temps que pour une conscience et en elle. Elle seule peut même en produire, ce qui explique que Bergson fasse du principe fondamental de l'univers une

« supra conscience » (EC, p. 261), et de la durée, une sorte de gigantesque conscience qui se pose sur toutes les choses, y compris celles, inertes, qui sont dépourvues de conscience individuelle.

On pourrait alors se demander combien de temps dure le présent. Mais cela dépend de l'activité et de la tension propres à chaque conscience, et même à chacun de ses moments. C'est elle qui en détermine les contours. Le présent n'est rien d'objectif ni de général. Il n'est pas donné mais constitué par chaque conscience, subjectivement, de manière que c'est « mon présent » (PM, p. 168) et que je le choisis « comme il me plaît » (p. 169). Il ne dépend que de moi de le resserrer en ne retenant que le passé et l'avenir immédiats, ou de l'élargir en y incluant un passé et un avenir plus lointains par un effort accru d'attention. Dans le premier cas, j'articule mon devenir en unités temporelles courtes, comme par exemple quand j'agis dans des actes impulsifs. Si je fais au contraire appel à mon bon sens, mes actions s'appuient davantage sur mon expérience passée et sur ma prévoyance, de façon à délimiter des moments plus amples. Paradoxalement, plus la conscience est attentive, c'est-à-dire tendue, et plus le rythme se ralentit. Ainsi le jeune Robert Schumann avait-il noté, dans un projet de roman, qu'« un adagio suscite une tension d'autant plus grande qu'il est plus lent ». De même Bergson montre-t-il dans *Matière et mémoire* que le rythme de la conscience est plus lent que celui du monde matériel. Se caractérisant par l'extension plutôt que par la tension, la matière est constituée de vibrations extrêmement rapides où chaque présent exclut presque entièrement passé et avenir. C'est pourquoi elle se définit comme un présent perpétuellement renaissant, comme « un présent qui recommence sans cesse » (MM, p. 154). Quoique très bref, il n'est pourtant pas entièrement dépourvu de durée, – sinon, ce ne serait pas plus du présent que du temps.

Plus notre volonté se tend dans l'effort, et plus par conséquent notre présent a d'épaisseur de durée. C'est ainsi que l'action libre exprime tout autant nos aspirations profondes que notre histoire personnelle. Tout ce que nous avons vécu, pensé, senti, et tout ce que nous espérons pour l'avenir, se concentrent dans notre manière d'agir. Une même densité temporelle se produit dans l'acte d'intuition, par lequel l'imagination recrée une évolution parfois très longue. La conscience ne peut comprendre le réel et sympathiser avec lui que si elle dilate le présent pour embrasser l'ensemble du processus. Alors que l'art « enrichit notre présent » en rendant conscientes de multiples impressions négligées, la philosophie nous incite « à ne jamais isoler le présent du passé qu'il traîne avec lui » (PM, p. 175). Ce qui distingue l'intuition philosophique de l'intuition artistique, c'est que la seconde élargit surtout la perception de la réalité présente, tandis que la première élargit avant tout le présent lui-même. Mais il s'agit moins d'une opposition absolue que de deux tendances contraires, puisque le grand artiste pénètre aussi la vie intérieure des choses et du moi par un regard synthétique.

Lorsqu'elle est à l'inverse entièrement détendue, la conscience devient incapable de synthèse temporelle, et se contente de vivre dans un présent presque instantané. C'est ainsi que l'animal, prisonnier de l'automatisme de ses instincts, ne peut pas devenir un moi, acquérir une personnalité. Il manque en effet à sa conscience la force suffisante pour réunir ses moments successifs dans un même mouvement. Seul l'homme a une personnalité, car lui seul est capable de maintenir l'unité et la continuité du moi, par un effort aussi continuel que généralement inconscient. Cet effort vient-il à se relâcher, à la suite d'une faiblesse psychologique, et c'est toute la vie intérieure qui en est affectée. Ce que les psychologues appellent « dédoublement de la personnalité » s'explique par l'épuisement consécutif à une dépense excessive d'énergie. La fatigue fait oublier au malade ses souvenirs personnels, l'empêche d'inclure son passé le plus propre dans son présent. N'actualisant que les souvenirs simples qui se sont fixés en habitudes, il mène une vie appauvrie et banale, sans rapport avec ce qu'il a autrefois vécu (*cf.* Conférence de Madrid de 1916, *Mélanges* p. 1224 à 1231). Une fois rétabli toutefois, il retrouve son pouvoir de synthétiser toute son histoire dans sa personnalité présente, ce qui lui permet de se créer lui-même plutôt que de se contenter de répéter les mêmes habitudes.

La densité de la durée dépend donc du degré de la force psychologique, c'est-à-dire de la puissance avec laquelle la conscience fait vivre le passé et l'avenir dans le présent. Car le devenir n'abolit pas un moment pour faire advenir le suivant. Sans doute l'intelligence et l'imagination visuelle qu'elle secrète nous font-elles croire que le présent seul existe et a une réalité. Il nous semble que le passé n'est plus, qu'il a disparu, et qu'il peut tout au plus resurgir provisoirement à la conscience qui se le représente, avant de retomber dans le néant. Aussi Saint-Augustin pensait-il que le passé n'existe que dans notre souvenir présent et conscient, de manière à constituer un « présent du passé » radicalement distinct du passé oublié, disparu et irréel. Mais une telle conception est réfutée par les faits. Si un individu peut renouer avec son passé après s'en être détaché, comme dans la guérison évoquée plus haut, c'est que ce passé était intégralement conservé dans sa conscience. Ce n'est pas parce qu'elle ne s'en occupait plus ni ne le voyait plus, qu'il avait disparu.

Il faut donc distinguer le passé qu'on se représente clairement dans un souvenir conscient, et le passé inconscient, dont on ne peut pas dire qu'il n'existe plus mais seulement qu'il est inaperçu. Si une grande part du contenu psychologique est en effet implicite et virtuelle, cela ne l'empêche pas d'être tout aussi réelle que le contenu explicite. Puisqu'il survit tout entier dans le présent, le passé ne peut pas disparaître ; il est même ce qu'il y a de plus indestructible dans le réel. Ce n'est pas pour autant toutefois qu'il paralyse, étouffe ou stérilise le présent. Tout à l'inverse le rend-il fécond car sa seule accumulation fait varier les états psychologiques. La conscience est même d'autant plus créatrice qu'elle rassemble sous son regard une part plus grande du passé, comme le montre l'imprévisibilité de l'action libre qui pourtant résume une longue évolution intérieure. C'est ce pouvoir de créer et de se créer qui définit l'esprit. Le moi renouvelle sa personnalité par le fait même de concentrer en elle son histoire. Tirant de lui plus qu'il n'y avait, il développe continûment et imprévisiblement ses tendances les plus profondes.

INSTABILITÉ ET PERSISTANCE

En empêchant le devenir de se morceler en une suite décousue d'instants, une telle survivance du passé fait que l'état actuel prolonge et *s'assimile* les états précédents. Elle donne donc au temps deux caractères qui, bien qu'ordinairement considérés comme incompatibles et contradictoires, lui sont en réalité également essentiels : le changement et la continuité. Si Bergson utilise sans cesse le terme de « durée », c'est pour éviter tout à la fois qu'on le réduise à un réceptacle invariable et qu'on en fasse un devenir évanescent. Le temps ne peut pas plus se définir par la fugacité que par la constance, car « l'instabilité radicale et l'immutabilité absolue ne sont que des vues abstraites » (PM, p. 174) et aucunement des réalités. Ce qui existe en fait est un changement qui, loin d'exclure la continuité d'une même évolution ou la persistance d'un même être, l'exige tout à l'inverse. Une réalité ne peut changer que si elle est la même réalité, sinon ce sont deux réalités différentes qui se succèdent dont aucune ne change. C'est ainsi qu'une même mélodie se développe dans la multiplicité de ses inflexions successives, ou qu'un même organisme évolue continuellement de sa conception à sa mort. Comme eux, le moi subsiste tout en changeant sans cesse. Il n'est pas plus une substance immuable qui porterait les changements comme autant d'accidents superficiels, comme chez Descartes, qu'une collection d'états successifs qu'aucune unité réelle ne relie, comme chez Hume ou Nietzsche. Cette «continuité indivisible de changement» (PM, p. 166), cette instabilité dans la persistance, c'est toute la vie et toute la durée.

Ne dure par conséquent que ce qui se maintient dans l'existence tout en se renouvelant constamment. Une telle durée se distingue radicalement du devenir héraclitéen, où un instant chasse l'autre dans une succession chaotique. Si tout était de la sorte absolument instable, aucune réalité ni vérité ne seraient possibles. À peine parvenu à l'être, l'état présent de l'univers s'effondrerait dans le néant. Se désagrégeant à tout moment, une réalité aussi friable n'aurait pas plus de consistance qu'un songe. Elle ne pourrait que déjouer la connaissance, puisque ce qu'on en pense serait aussitôt invalidé par l'apparition d'un nouvel état. Une vérité qui s'évente n'étant que l'apparence d'une vérité, on finirait par renoncer à un savoir si décevant. Aussi Platon soutenait-il dans le *Cratyle* et dans le *Théétète* que le devenir exclut la science, et que celle-ci ne peut donc avoir pour objet que l'immuable. Comme toute vérité est, par nature, stable, il n'y a de science possible que du stable. Si le moi et les choses étaient toujours dissemblables à eux-mêmes, il n'y aurait même «ni sujet

pour connaître, ni objet pour être connu » (*Cratyle*, 440 b).
Ces conséquences résultent toutefois du devenir conçu par
Héraclite, mais nullement de la durée qui allie changement et
persistance. Non seulement un état ne s'anéantit pas pour
laisser sa place au suivant, mais rien ne se perd jamais dans le
monde ou dans le moi. Penser que la réalité sans cesse périt et
renaît, c'est se fier à l'idée de néant qui n'est qu'un pseudo
concept, c'est se prendre au piège du langage. L'expérience
métaphysique nous fait tout à l'inverse sentir combien la
réalité, quoique mouvante et changeante, est aussi solide que
consistante.

LA VÉRITÉ

Mais si une stabilité entière est tout aussi illusoire qu'une
instabilité absolue, comment Bergson peut-il néanmoins
soutenir qu'une vérité métaphysique est possible ? Le vrai est
toujours vrai, il ne peut pas devenir faux, alors même que la
réalité sur laquelle porte la connaissance se transforme continuellement. Mais une chose toutefois ne change pas : c'est que
tout change. Loin de n'être qu'une suite d'états superficiels
portés par une substance immuable, le changement (c'est-
à-dire la durée) est « la substance même des choses »
(PM, p. 174), l'étoffe dont est faite toute réalité. Plutôt que
de décrire des changements particuliers, la philosophie s'intéresse à la nature même de ce changement. Au-delà de ses
multiples manifestations, il se définit *toujours* comme la
transition d'un état à un autre, comme l'évolution qui se produit dans l'intervalle entre deux instants. On comprend que
Bergson ait intitulé sa conférence d'Oxford « La Perception
du changement », plutôt que « La Perception des changements ». En pensant l'essence *invariable* de la variation, la
philosophie énonce des vérités stables et universelles. Tous

peuvent s'accorder sur une telle essence, à condition de percevoir eux-mêmes le changement par une expérience intérieure. Alors que les concepts sont utilisés par un philosophe pour combattre les autres, l'expérience métaphysique rassemble les penseurs. Les concepts divisent, l'intuition seule réunit. Aussi Bergson recherche-t-il « l'unité d'une doctrine capable de réconcilier tous les penseurs dans une *même* perception » (PM, p. 149).

Sans doute l'intuition philosophique est-elle une appréhension métaphysique de l'objet dans ce qu'il a de propre. Elle saisit un rythme particulier, une orientation singulière, une qualité unique de durée. Mais, à la différence de l'intuition artistique qui s'en tient à l'individuel, c'est à chaque fois l'universelle fluidité et mobilité qu'elle pense. Ce n'est pas pour autant qu'elle ne fait que comparer les objets particuliers pour en extraire des caractères communs ou des lois générales. L'empirisme métaphysique ne procède pas par l'opération intellectuelle d'induction, mais il s'efforce de coïncider avec les données les plus concrètes et les plus immédiates. Ainsi parvient-il à connaître ce que le changement est essentiellement et universellement, tandis que l'induction n'accède qu'à des généralités abstraites. C'est pourquoi Bergson considère cet empirisme métaphysique comme « l'empirisme vrai », le seul « empirisme digne de ce nom » (PM, p. 196). Aucune certitude ne peut en effet résulter du général, car celui-ci est toujours à la merci d'une expérience contraire. Renouant avec les forces qui traversent toute chose, l'intuition est au contraire entièrement certaine. Comme elle est un contact avec la réalité même, elle se sait vraie.

Non seulement elle convainc tous ceux qui en refont l'expérience, mais elle renouvelle radicalement leur représentation du réel. Le critère fondamental de la vérité métaphysique, comme d'ailleurs de la vérité artistique (R, p. 125), réside donc dans sa puissance de conversion. On ne peut comprendre une telle vérité qu'en abandonnant sa manière habituelle de percevoir et de penser pour en adopter une autre, intérieure et désintéressée. Tout à l'inverse, puisque la science vise toujours l'utilité, les connaissances qu'elle obtient par induction sont destinées à être exploitées, de sorte que le critère de vérité est ici de nature pragmatique : est vraie toute théorie qui réussit à prévoir et à rendre l'action efficace. Les vérités scientifiques sont instructives, mais les vérités métaphysiques sont émouvantes. *Les Deux sources de la morale et de la religion* décrivent l'émotion qui accompagne d'autant plus intensément l'intuition que celle-ci fusionne mieux avec l'élan vital. Ce qui nous bouleverse, c'est de découvrir le caractère dynamique, créateur et vivant de la substance qui nous constitue, comme elle constitue toute la réalité.

L'EXPRESSION

Alors que la science atteint le général par induction et en faisant abstraction des différences, l'intuition philosophique connaît à la fois le singulier et l'universel, qui seuls sont réels. Il est vrai que la matière, avec ses changements mécaniques et répétitifs, se prête à cette opération d'induction et d'abstraction. Au contraire, les changements spontanés et créateurs, propres à la durée, ne peuvent être saisis qu'en eux-mêmes et immédiatement. Pour penser la nature et la substantialité d'un tel changement, la philosophie se libère des schémas artificiels et figés, elle substitue l'imagination dynamique et recréatrice à l'imagination visuelle. C'est en refaisant le geste créateur qu'elle perçoit et pense le cœur intime de la réalité. Mais, pour autant, elle ne peut pas en rester à la pure intériorité de l'intuition. Elle a besoin de l'exprimer pour en prendre clairement conscience, et pour la communiquer aux autres. Sans doute se méfie-t-elle des concepts véhiculés par le langage qui, quand ils ne sont pas trompeurs comme le concept de néant, ne sont que des idées générales. Mais elle doit nécessairement recourir au langage, si elle veut expliciter et transmettre ce qu'elle a découvert.

L'intuition étant foncièrement étrangère aux mots, son expression dans le langage est un véritable défi. Le philosophe ne peut se faire comprendre que s'il utilise des concepts déjà connus, et que s'il reprend les idées et les problèmes de son temps ou des prédécesseurs. Toute la difficulté est d'éviter de dénaturer l'intuition philosophique originale, tout en l'exprimant au moyen d'éléments préexistants. Il n'y parvient pas s'il se contente de les réaménager en une forme nouvelle. L'intuition doit moins s'adapter à eux qu'elle ne doit les adapter à elle. Elle infléchit alors le sens des mots, pense autrement les idées et les problèmes, fluidifie et assouplit les concepts. C'est ainsi par exemple que le concept de stabilité n'est plus opposé rigidement à celui d'instabilité, mais qu'ils se concilient dans la conception d'une subsistance dans la mouvance et le changement. De même, l'unité réelle contient en elle une multiplicité confuse d'éléments qui s'interpénètrent sans pour autant s'isoler, se séparer ou se juxtaposer. La continuité elle-même contient une discontinuité qui l'articule intérieurement et naturellement, ce qui explique qu'une course puisse être absolument indivisible quoique rythmée par les bonds successifs, ou qu'une pensée puisse être absolument continue bien que s'articulant en de multiples changements de direction. Pris dans un nouvel élan de pensée et dans une nouvelle totalité, les éléments empruntés au langage commun ou aux autres philosophes se modifient, acquièrent un nouveau sens.

Une telle transformation des éléments anciens requiert un effort constamment renouvelé, jusqu'à ce que la pensée triomphe enfin de l'inertie des idées et de la matérialité des mots. Dans sa conférence sur *L'Effort intellectuel* de 1902, comme vingt ans plus tard dans celle sur *La Conscience et la vie*, Bergson soutient que l'effort réside tout entier dans la réalisation matérielle d'une œuvre. Une pensée seulement conçue de même qu'une œuvre d'art seulement rêvée ne coûtent rien. Seule « la matière provoque et rend possible l'effort » (ES, p. 22), forçant l'esprit à outrepasser ce qu'il était. Mais d'autres textes semblent toutefois contredire une telle conception, en soutenant au contraire que l'intuition elle-même est un « effort très difficile et très pénible » (*Mélanges*, p. 1197). Avant de se confronter à la difficulté de la réalisation matérielle, la philosophie s'astreint à un « effort d'intuition » (PM, p. 186, 200, 208, 210, 224, etc.). Il ne s'agit pas encore de lutter contre la matérialité extérieure des mots, mais déjà de vaincre la tendance naturelle de l'esprit à se matérialiser, à se figer, à se mécaniser dans des habitudes intellectuelles. L'effort consiste alors pour l'esprit à se spiritualiser, à s'affranchir de la structure de l'intelligence, sans doute adaptée à la connaissance de la matière, mais impropre à la compréhension de la durée. L'apparente contradiction des textes s'évanouit si on tient compte de l'intuition qui est à la source des grandes œuvres, plutôt que de n'examiner que de simples idées ou de simples rêveries comme c'était le cas plus haut. L'idée est un arrêt de la pensée, et la rêverie est une distraction de l'esprit, tandis que l'intuition exige une grande concentration. L'effort d'intuition est donc aussi difficile et créateur que l'effort d'expression. La preuve en est que la joie qui accompagne toute création est éprouvée aussi bien dans l'émotion suscitée par l'intuition, que dans l'achèvement d'une œuvre que l'auteur sait vivante et durable.

Si une telle œuvre est vivante, c'est que sa matérialité est animée et spiritualisée par l'intuition qui la traverse. C'est elle qui assouplit les concepts dans une doctrine philosophique, de la même manière qu'elle soumet les formes picturales à une « ligne flexueuse » fondamentale (PM, p. 264 ; Bergson cite ici Ravaisson), ou qu'elle insère les gestes du danseur dans la fluidité des courbes. On voit que plus l'esprit se spiritualise et plus il spiritualise la matière dans laquelle il s'exprime. Il triomphe d'autant mieux de la matière extérieure qu'il a mieux vaincu sa propre tendance à se matérialiser. Inversement, lorsqu'il se raidit dans des idées fixes et des opérations routinières, il ne peut s'extérioriser que sous la forme d'un discours stéréotypé et de gestes machinaux. L'automatisme étouffe la création, l'inertie s'empare du vivant, et c'est d'un tel triomphe de la matière sur l'esprit que naît le comique. C'est ainsi qu'un visage grotesque est figé dans la rigidité d'une grimace, tandis qu'un visage gracieux exprime, par sa mobilité, les moindres changements de la vie intérieure. Dans la comédie, les personnages sont maladroits, empruntés, embarrassés par leur corps qui constitue un obstacle ou une gêne plutôt qu'un moyen d'expression. Tout à l'inverse, le corps gracieux, soulevé par un élan intérieur, s'allège, s'assouplit, se vivifie. Il devient d'autant plus transparent à l'âme que « l'immatérialité passe dans la matière » (R, p. 22), qu'elle lui communique sa vitalité. Un tel passage de l'esprit dans la matérialité du corps n'est possible que s'ils ne constituent pas deux substances immuables et séparées. Le dualisme bergsonien n'est en rien comparable à celui de Descartes, dans lequel esprit et corps restent enfermés dans leur nature respective. *Si l'esprit peut se matérialiser et si la matière peut être spiritualisée, c'est qu'ils s'opposent moins comme deux choses que comme deux tendances.*

Aussi un tel dualisme n'empêche-t-il aucunement l'expression, c'est-à-dire la réconciliation des tendances antagonistes dans une œuvre. Bien plus, il l'exige, car l'esprit ne peut pas se contenter de rester en lui-même, de se complaire dans l'intériorité de son intuition. Comme la vie qui est de même nature que lui, il a besoin de pénétrer dans la matière pour s'y développer. C'est en effet « *la matérialisation croissante de l'immatériel qui est la caractéristique de l'activité vitale* » (ES, p. 190). Toute vie, par nature, s'exprime. Aussi l'élan vital doit-il traverser la matière brute et la façonner de mieux en mieux pour en faire une « matière vivante » et organisée (MM, p. 66 ; EC, p. 71, 72, 141, 246 ; ES, p. 7). Conscience et corps s'unissent alors dans un *modus vivendi*, qui est un compromis ou un arrangement entre deux formes d'existence absolument différentes. L'unité ne détruit pas ici la dualité, mais elle l'atténue au point que, parfois, dans les mouvements gracieux, le corps laisse *transparaître* la conscience. C'est à une telle expression que s'efforce le philosophe. Il voudrait que l'intuition se concilie si bien avec les mots qu'elle y transparaisse. Mais les mots résistent, avec leurs significations générales, fixes et convenues, qui cachent la nouveauté de l'intuition plutôt que de la révéler. Elle ne peut se les subordonner qu'en organisant le discours à la manière dont l'élan vital organise la matière dans le vivant. L'ordre des mots compte alors plus que les mots eux-mêmes, et la relation entre les idées que les idées isolées. En évitant que la doctrine ne se disperse en une multiplicité d'éléments juxtaposés, une telle organisation lui donne « l'unité même de la vie » (ES, p. 186).

On voit alors combien l'expression se distingue du processus purement mécanique de la fabrication. La fabrication associe des matériaux pour réaliser un objet dont on avait d'emblée une idée claire. Représenté à l'avance, le résultat est prévisible. Il se réduit à juxtaposer d'une autre manière des éléments matériels déjà donnés. L'expression prend au contraire sa source dans une intuition d'abord confuse et implicite, qui s'explicite progressivement et imprévisiblement en un discours philosophique organisé. Pas plus idée qu'image, l'intuition est un germe spirituel qui n'en aura jamais fini de se développer en idées et en images distinctes. Elle est donc une force motrice, « une incitation au mouvement » (PM, p. 226), de même nature que la vie, car elle naît d'un contact avec ce qu'il y a de plus vivant dans le réel. Comme la vie, l'intuition passe graduellement du virtuel au réalisé, de l'intensif à l'extensif, du confus au distinct, de l'unité d'une impulsion à la multiplicité des éléments matériels. L'unité initiale contient en effet une grande richesse de virtualités que l'organisation finale développe dans la matière. L'empêcher de s'exprimer serait l'empêcher de croître, d'évoluer, – et donc de vivre. Si elle restait purement intérieure et immatérielle, elle ne serait rien de plus qu'un commencement sans continuation, ou qu'une naissance qui avorte. À la continuité d'une durée créatrice se substituerait un devenir décousu. L'expression est donc tout à la fois l'activité fondamentale de la vie et le processus essentiel de la durée. Durer, c'est passer progressivement de l'immatériel au matériel, de manière que la matière soit toute imprégnée d'immatérialité.

Ce n'est nullement le cas dans la fabrication, où l'objet final, bien que conforme à l'idée immatérielle initiale, est fait d'une matière brute, d'une matière qui n'est que matière. En utilisant des moyens plus efficaces, le perfectionnement technique diminue le temps de production. Tout à l'inverse, parce que la matérialisation résulte d'un mûrissement intérieur, la durée de l'expression est incompressible. Aussi est-ce le signe qu'il s'agit d'une véritable durée, consistante et féconde, qui impose un délai à la réalisation du virtuel. Née dans le plan de conscience le plus condensé, il faut du temps pour que l'intuition se meuve dans des plans de conscience inférieurs, jusqu'à se trouver au point où l'esprit s'insère dans le corps. Elle se divise alors en mots qui peuvent être prononcés ou écrits. Après son contact initial avec le cœur immatériel du réel, elle va vers la matière extérieure pour composer avec elle. C'est donc lentement que se crée ce *modus vivendi* entre l'intuition et les mots qu'est une doctrine philosophique.

LA COMMUNICATION

Composant ainsi avec le langage, la pensée peut « passer, vivante encore, dans l'âme d'autrui » (ES, p. 46). C'est en formant un organisme que la vie se reproduit, se transmet d'un individu à d'autres. De la même manière, une pensée ne peut se communiquer que si elle s'exprime dans un discours organisé et animé par l'intuition. Aussi féconde que la vie, elle en réalise la destination, qui n'est pas de rester enfermée dans un individu particulier, mais au contraire de passer de l'un à l'autre. L'individu n'est pas une fin en soi, seulement un maillon, un lieu de passage. La vie s'exalte de se donner, comme le manifeste au plus haut point l'expérience de la grâce. Loin de donner le sentiment d'une économie d'effort, comme le soutenait Spencer, le mouvement gracieux suggère au contraire la présence d'un principe généreux qui répand son énergie surabondante dans la matière pour qu'elle se propage dans l'esprit des spectateurs. Le sentiment esthétique de la grâce est donc foncièrement lié au sens éthique qu'on lui donne généralement, quand on parle d'un don divin ou humain. Une vie communique son élan aux autres en le communiquant à la matière. D'une manière comparable, ce

« centre de force » (PM, p. 132) qu'est l'intuition pénètre le discours philosophique pour transmettre son dynamisme au lecteur. Car ce qui passe d'une âme à l'autre est moins une série d'idées qu'un élan, qu'une énergie, qu'une impulsion. Les idées sont à la pensée ce que les positions sont au mouvement, ou ce que les formes stables sont à l'évolution vitale. Elles sont des arrêts virtuels que la pensée aurait pu adopter si elle avait cessé de se développer. Mais une pensée vivante ne cesse de croître et d'évoluer. Le lecteur ne peut donc pas plus la retrouver en additionnant la signification des mots successifs utilisés par le philosophe, que le spectateur ne peut comprendre un mouvement ou une évolution en ajoutant des positions à des positions, des formes matérielles à des formes matérielles. De même que la durée n'est pas un composé d'instants, la pensée ne se réduit pas à un ensemble d'idées juxtaposées. Elle est un mouvement intérieur qui se transmet au lecteur, à condition toutefois que celui-ci sympathise avec elle plutôt que de laisser son attention se disperser et se perdre dans la multiplicité des mots.

La communication d'une pensée vivante requiert en effet la coïncidence ou la *communion* des intériorités. Elle se réalise quand le lecteur recrée par ses propres ressources le sens mouvant qui déborde les mots. Comme il lui est impossible de remonter des multiples concepts à la simplicité de l'intuition, ce n'est qu'en se plaçant directement en elle qu'il la trouve. S'employant ensuite à la diviser en concepts, il vérifie que les mots lus correspondent à ceux qu'il avait anticipés. La compréhension exige donc, elle aussi, un effort d'intuition et d'expression, que nul ne peut accomplir à la place du lecteur. S'il en reste paresseusement à la lettre de la doctrine, la pensée de l'auteur lui semblera aussi vague qu'approximative. Il n'en saisira la précision et la finesse que s'il retrouve l'esprit nouveau qui anime cette doctrine, que s'il partage l'expérience intime du philosophe. La fécondité de l'intuition lui apparaîtra alors. Réservoir inépuisable de sens, elle n'en aura jamais fini d'être pensée, elle sera toujours grosse de virtualités jamais entièrement réalisées. C'est cette puissance indéfinie de développement qui stimule la pensée du lecteur, l'incitant non seulement à retrouver, mais même aussi à prolonger, ce que l'auteur a exprimé. Une expression entièrement adéquate et achevée résorberait la pensée dans les concepts, l'intérieur dans l'extérieur, l'esprit dans la lettre. Tout le virtuel étant réalisé, le mouvement s'arrêterait, la pensée se fixerait dans une forme définitive. Ce serait sa mort. L'insuffisance de l'expression est au contraire le signe d'une pensée vivante, propulsée toujours plus loin par la force créatrice de l'intuition. C'est cette force qui se transmet de l'auteur au lecteur attentif.

Nous ne pouvons donc comprendre une pensée intuitive et vivante que si nous sommes nous-mêmes capables d'intuition. Alors qu'une étude purement historique commente la lettre, en considérant l'œuvre du dehors, l'intuition en faire revivre l'esprit. Elle découvre la simplicité de l'inspiration sous la complication du système, le dynamisme de la pensée sous la solidité des concepts, «ce qu'il y a d'essentiellement spontané» (PM, p. 117) sous les raisonnements les plus savants. C'est ainsi que Ravaisson comprenait la pensée d'Aristote. Sans doute était-il d'abord resté extérieur à sa philosophie, comme Bergson l'a constaté en lisant le mémoire envoyé à l'Académie des sciences morales et politiques. Mais il a su ensuite se l'assimiler, s'en imprégner et, par une intensification de sa vie intérieure, lui réinsuffler la vie. De même qu'un romancier rend son personnage vivant en le nourrissant de sa propre vie, le lecteur ne redonne vie à la pensée de l'auteur que s'il lui prête la sienne. La vie ne pouvant en effet naître que de la vie («c'est la vie qui engendre la vie» *Mélanges*, p. 1217), c'est à la fois l'auteur qui communique sa pensée vivante au lecteur, et le lecteur qui la revivifie en la faisant sienne. C'est une telle transmission de la vie intérieure que Bergson admirait dans *L'Essai sur la métaphysique d'Aristote*, écrit par Ravaisson entre 1837 et 1846.

Cette transmission n'est toutefois possible que si l'âme du philosophe étudié est elle-même tout entière mobilisée par son intuition, que si elle se maintient dans une tension suffisante pour ne pas s'en distraire. En effet, « comment se mettre à l'unisson d'une âme qui n'est pas à l'unisson d'elle-même ? » (R, p. 108). De même qu'un personnage dramatique n'attire la sympathie du spectateur que s'il est mû par des passions profondes, un philosophe ne suscite l'attention du lecteur que s'il tire toutes ses réflexions d'une expérience métaphysique personnelle et fondamentale. Plus une pensée émane d'une intériorité profonde, et plus le lecteur peut l'intérioriser. Et une intériorité est d'autant plus profonde qu'elle coïncide mieux avec la racine même de la vie, qui est l'origine de la réalité. C'est l'émotion née à son contact qui, donnant sa chaleur au discours philosophique, se propage dans l'âme du lecteur. Elle lui fait adopter l'état d'esprit dans lequel s'est produite l'intuition, pour qu'il puisse en partager l'expérience. Au lieu de s'imposer par une pression extérieure, elle est au contraire une invitation ou un appel à la sympathie, c'est-à-dire à dépasser les mots pour éprouver ce qu'ils suggèrent.

Car l'expression est moins une traduction de l'immatériel dans un équivalent matériel, qu'une suggestion, par des moyens matériels, d'un sens immatériel qui les excède. C'est ainsi que « l'art vise à imprimer en nous des sentiments plutôt qu'à les exprimer ; il nous les *suggère* » (DI, p. 12). De même, une philosophie ne nous impose aucunement des idées en en proclamant la vérité, mais elle suscite *en nous* une expérience dont la vérité s'impose d'elle-même. Elle nous introduit dans l'élément du vrai, comme la musique nous introduit irrésistiblement dans les sentiments. Nul besoin alors d'un critère extérieur pour juger la valeur d'une doctrine philosophique. Comme chez Spinoza, la vérité est « *index sui* » : elle se désigne elle-même, elle s'affirme immédiatement dans l'acte de penser. L'expression ne consiste donc pas à informer le lecteur des conclusions auxquelles le philosophe est parvenu, mais à imprimer à son esprit une disposition particulière. Les concepts n'étant que des « expressions partielles » (PM, p. 192) et insuffisantes, le philosophe recourt pour cela à des métaphores et des comparaisons qui donnent à l'âme une orientation propice à la compréhension. Puisque chacun ne peut retrouver l'intuition qu'en l'éprouvant lui-même, le philosophe ne montre pas, il prépare seulement à voir.

Concepts et métaphores ne suffisent néanmoins pas à suggérer au lecteur le mouvement d'une pensée philosophique depuis son intuition fondamentale jusqu'à ses développements les plus poussés. Il faut aussi que ce dynamisme intérieur transparaisse dans l'organisation temporelle du discours. À la fois mouvement et structure, c'est le *rythme* qui rend sensibles autant la continuité de la pensée que les changements de direction qui l'articulent. Alors que les mots isolés renvoient à des significations conventionnelles, le rythme « dessine en gros le sens de la phrase » (PM, note p. 94), de manière à le communiquer directement à l'âme du lecteur. C'est ainsi que la ponctuation de telle page du *Discours de la méthode* nous suggère les allées et venues de la pensée de Descartes, avant même que nous n'en analysions les concepts. Si, dans la connaissance intellectuelle, l'esprit se rend semblable à son objet matériel, c'est au contraire la matière qu'il rend semblable à lui lorsqu'il veut exprimer sa connaissance intuitive. Il organise en effet le discours pour que le lecteur, s'insérant dans son rythme, puisse reproduire le mouvement original de la pensée.

C'est ce qui explique qu'une même pensée aurait pu s'exprimer dans des concepts différents, si le philosophe avait vécu à une autre époque. Mais la relation entre les idées principales ainsi que l'organisation temporelle de la pensée auraient été similaires. Un même rythme de pensée se serait communiqué du discours au lecteur, suscitant en lui une émotion identique et le conviant à une toute semblable intuition.

LES ŒUVRES MAJEURES

ESSAI SUR LES DONNÉES IMMÉDIATES DE LA CONSCIENCE (1889)

L'immédiat

Dans ce premier ouvrage écrit à 29 ans, Bergson inaugure la méthode qu'il appliquera dans toute son œuvre, celle de l'observation intérieure. Par une conversion difficile, la conscience se détourne du monde pour s'examiner elle-même, répondant ainsi à l'appel socratique du «connais-toi toi-même». Il ne s'agit pas pour autant de revenir au spiritualisme de V. Cousin et de ses disciples, que Bergson juge peu rigoureux. La méthode consiste plutôt à «s'interroger scrupuleusement» (DI, p. 35) sur ce que nous sentons, de manière à acquérir une connaissance précise des faits psychologiques. Pour cela, il faut se méfier du sens commun qui, en projetant la vie intérieure dans un espace idéal, juxtapose les états psychologiques comme si c'étaient des objets étendus. Sans doute une telle opération permet-elle de les exprimer plus facilement dans le langage, puisque les mots désignent des choses distinctes et reconnaissables. Mais du coup, la conscience se *représente* son propre contenu plutôt que d'être *présente* à elle-même. Dans la représentation, le moi se dédouble en un sujet qui connaît et un objet qui est connu. A la réalité se substitue alors le symbole. La récurrence de l'expression « représentation symbolique » montre en effet que la représentation est par nature symbolique, qu'elle l'est essentiellement, inévitablement. Bergson ne cesse de dénoncer dans *l'Essai* les illusions de l'intelligence qui prend le symbole pour la chose, la représentation pour la réalité.

En se saisissant immédiatement elle-même, la conscience retrouve sa vie intérieure brute, « à l'état naturel » (p. 100), dans sa « pureté originelle » (p. 168). Loin de l'artifice des symboles et de l'impureté des représentations qui mêlent les constructions intellectuelles au donné psychologique, elle pense ce qu'elle sent, elle s'interroge sur ce qu'elle vit. On comprend que, dans la lettre à L. Dauriac du 26 mai 1912, Bergson ait pu caractériser sa philosophie comme une « philosophie de l'immédiat » (*Mélanges*, p. 968), malgré l'ambiguïté d'une telle formule. Il ne s'agit en effet aucunement de revenir, comme Protagoras, aux sensations instantanées et éphémères, mais de coïncider avec le dynamisme intérieur qui nous fait *passer* d'un état de conscience au suivant. Quand Bergson examine une sensation particulière, c'est pour montrer qu'elle retient en elle les sensations passées, de la même manière qu'un son contient virtuellement les sons antérieurs de la mélodie dont il tire sa qualité et son sens.

La philosophie de l'immédiat n'est donc d'aucune façon une philosophie de l'instantané. Elle n'est pas davantage une récusation de la réflexion, puisque, tout à l'inverse, elle exige une « réflexion approfondie » (DI, p. 174). Revenir aux « impressions naïves » (p. 40), ce n'est pas être naïf, sinon il n'y aurait rien de plus dans la philosophie que dans le vécu initial. C'est moins vivre les états psychologiques que les revivre pour les étudier. Sans doute, pour retrouver le vécu immédiat, faut-il savoir « se laisser vivre » (p. 75) ou écouter les cloches voisines d'une « oreille distraite » (p. 94), ou encore « se laisser bercer » par une mélodie (p. 77). Mais l'analyser exige une extrême concentration, un « effort vigoureux » (p. 96), un travail « d'une incroyable difficulté » (p. 79). Ce qui a d'abord été vécu dans la confusion, l'analyse en démêle les éléments constitutifs. C'est ainsi que Bergson distingue quatre éléments dans le sentiment initialement indistinct de la grâce : le plaisir suscité par l'aisance des mouvements, augmenté ensuite par leur prévisibilité, puis par l'impression d'en être les maîtres, enfin par la sympathie qu'ils suggèrent en paraissant s'employer à satisfaire nos désirs.

Cette méthode résolument analytique semblerait toutefois renouer avec l'opération spontanée de l'intelligence, qui divise la vie intérieure en états juxtaposés. Bergson reprendrait alors la règle de la décomposition énoncée par Descartes dans la seconde partie de son *Discours de la méthode*. Mais il ne cesse pourtant de dénoncer cette opération, car il y voit l'origine des faux problèmes concernant la durée et la liberté. Comment concilier alors la méthode d'analyse avec le refus de toute décomposition ? Une telle méthode ne nous paraît en fait contradictoire que parce que nous confondons deux manières de distinguer. Distinguer, ce peut être isoler des éléments demeurant extérieurs les uns aux autres. Mais ce peut être aussi différencier des états tout en saisissant leur lien intime et même leur fusion. Alors que, chez Descartes, le complexe se réduit à n'être que le composé du simple, il constitue ici un tout qui est plus et autre chose que la somme des parties. On voit donc que, contrairement à l'opération de décomposition, l'analyse philosophique de la vie intérieure lie tout autant qu'elle distingue.

Si la méthode est maintenant élucidée, l'objet auquel elle s'applique reste encore à déterminer. Que faut-il en effet entendre par « données immédiates de la conscience » ? L'expression est ambiguë : désigne-t-elle ce qui est donné *dans* la conscience ou ce qui est donné *à* la conscience ? Le philosophe s'intéresse-t-il à ce qui est réellement contenu dans la conscience ou à ce qu'elle en perçoit ? A cet égard, la position de Bergson dans *l'Essai* pourrait sembler fluctuante. Tantôt il présente le dynamisme interne et la liberté comme des « faits » (p. 129 et 166) ; tantôt il s'intéresse à la durée telle qu'elle « se présente (…) *à* la conscience immédiate » (p. 95). Pour ce qui est des faits internes évoqués, chacun peut les constater en lui-même. Malgré la singularité des sensations, des passions, des désirs, des pensées, aussi divers selon les circonstances que selon les caractères, ces faits sont universels. Cette étude des données universelles de la conscience prolonge celle de Descartes, qui recherchait les idées innées contenues dans l'entendement, tout autant que celle de Kant qui découvrait en nous une structure transcendantale et voyait dans la loi morale un fait universel de la raison. Mais, plutôt que de se référer à ce que l'entendement ou la raison conçoivent, Bergson s'interroge sur ce qui est immédiatement vécu par la conscience. Lors d'une discussion à la Société française de philosophie en 1908, il soutiendra même que « toute philosophie, quelle qu'elle soit, est bien obligée de partir de ces données », quand elle étudie le libre arbitre ou le mouvement (*Mélanges*, p. 771). Il décrira ensuite toutefois ces données moins comme des faits que comme des *sentiments*. Il est en effet question non seulement de la liberté, mais du « sentiment immédiat qu'on en éprouve », non seulement du mouvement, mais de la « conscience immédiate de la mobilité ». On est donc passé de la considération des réalités internes à celle de la perception qu'on en a.

Il n'y a pourtant là aucun glissement. Durée et liberté ne peuvent être données *immédiatement à* la conscience qu'à condition d'être contenues *dans* la conscience. Si elles se présentent à elle, c'est parce qu'elles sont présentes en elle. Bien plus, tout ce qui est donné dans la conscience est donné à la conscience, tout fait est senti, même si c'est de façon presque imperceptible. Bergson observe ainsi que les états psychologiques s'organisent «insensiblement» (p. 90) dans la vie intérieure. Une telle organisation étant constitutive de la durée et présente dans toute décision libre, c'est à la philosophie d'éclaircir ce qui avait été vécu dans l'obscurité. Elle actualise ce qui était donné en puissance dans la conscience immédiate. Non seulement nous sentons tout ce qui se passe en nous, mais, de manière encore plus cruciale, nous le sentons tel qu'il se produit : la perception intérieure est infaillible. C'est ainsi que quand nous éprouvons une passion, l'intensité ressentie correspond exactement à l'intensité réelle : «quand je passe (…) par un certain état psychologique, je connais avec précision l'intensité de cet état (…), parce que l'intensité d'un sentiment profond, par exemple, n'est autre chose que ce sentiment lui-même» (p. 139). En effet, l'intensité est la qualité même de ce sentiment, et cette qualité constitue à la fois la nature du sentiment et la nature de ce que j'éprouve. Sans doute Descartes distinguait-il les qualités sensibles des qualités objectives, dans la perception d'un objet extérieur. Mais, dans la vie intérieure, les qualités subjectives sont aussi les qualités réelles : l'état ou le fait est ce qui m'apparaît. Aucune erreur n'est possible, à condition de saisir le sentiment dans sa pureté originelle, avant les déformations qu'y introduit l'intelligence. De même, la liberté est indissociablement un fait réel et un sentiment. Il est vrai qu'on déprécie ordinairement le sentiment d'être libre, parce qu'on n'y voit qu'une impression douteuse, voire illusoire. Mais on confond alors une simple croyance avec le sentiment immédiat de la liberté qui, lui, est certain : « le moi, infaillible dans ses constatations immédiates, se sent libre et le déclare » (p. 137). S'il le sent, c'est qu'il l'est réellement ; et inversement, s'il est libre, il ne peut pas ne pas le sentir. Loin du caractère incertain que lui reconnaissait A. Comte, l'observation intérieure conduit à une connaissance sûre. Elle découvre de cette manière que le temps est une réalité, et non une idéalité transcendantale comme le voulait Kant. Pour cela, elle le saisit « tel que la conscience immédiate l'aperçoit » (p. 176), au lieu de se fier aux conceptions de l'intelligence. Incontestable, la perception interne nous assure que la durée est réellement dans notre conscience, qu'elle n'est pas la simple forme par laquelle nous nous représentons toute chose. Elle seule nous instruit sur la nature même de cette durée. C'est pourquoi la philosophie étudie indissociablement la durée et le sentiment qu'on en éprouve ou la manière dont on la vit, au-delà de sa représentation par l'intelligence qui la déforme jusqu'à en faire « un fantôme d'espace » (p. 74).

Pour étudier les données immédiates ainsi définies, Bergson commence dans le premier chapitre par la plus simple, l'intensité, avant de s'intéresser à celles plus complexes de multiplicité dans le second chapitre, et d'organisation dans le troisième. L'organisation des états psychologiques dans la liberté synthétise finalement la multiplicité et l'intensité. Car nous nous sentons libres quand notre décision résulte de la condensation progressive de nos sentiments les plus profonds et de nos pensées les plus personnelles.

Qualité et quantité

Le but du premier chapitre est de distinguer radicalement qualité et quantité, trop souvent confondues ou mêlées dans une même représentation. Se laissant abuser par le langage, le sens commun croit qu'une passion s'intensifie lorsqu'elle atteint un plus haut degré de force. Qualitativement, elle resterait la même ; elle ne changerait que par la quantité. De même qu'on peut ajouter de l'espace à de l'espace en un agrandissement sans altération qualitative, on pourrait ajouter de l'amour à de l'amour jusqu'au degré supérieur d'intensité. En réalité, l'intensification d'une passion est d'un tout autre ordre que l'augmentation d'une surface. Elle ne consiste pas en un changement de degré, mais en un changement de nature. L'état psychologique a acquis une nouvelle nuance, incomparable avec la précédente. Sans doute Bergson utilise-t-il, lui aussi, des termes quantitatifs pour décrire son évolution : il parle par exemple du « plus bas degré » de la joie (p. 8), ou de la présence d'un « plus ou moins grand nombre » d'éléments dans un sentiment (p. 6), après nous avoir mis en garde contre les distinctions de degré ou « du plus et du moins » qu'opère le sens commun (p. 1). Mais cela s'explique par la nécessité pour la pensée d'utiliser le langage, mal adapté à l'expression des qualités. Il ne faut donc pas prendre ces formules au pied de la lettre, mais plutôt saisir, ici comme ailleurs, l'esprit de la pensée qui s'y exprime.

Lorsqu'on analyse le sentiment immédiat de l'intensification, on y découvre un processus à la fois d'enrichissement et d'approfondissement. De nouveaux éléments s'insèrent dans l'émotion fondamentale, dans une « complexité croissante, confusément aperçue » (p. 19). L'analyse finit de démêler ce que la conscience immédiate commence à peine à discerner, elle prolonge et achève une distinction naissante. Loin de décomposer arbitrairement la vie psychologique comme le font trop souvent les représentations intellectuelles, elle en retrouve les articulations naturelles, spontanément esquissées. Ainsi peut-elle saisir les états simples sans pour autant les isoler par des « distinctions tranchées » (p. 7), mais en les insérant au contraire dans une continuité indivisible. C'est ainsi que dans la grâce fusionnent les quatre états qui ont progressivement enrichi le sentiment initial, jusqu'à cette sympathie qui caractérise la grâce supérieure et qui constitue le « dernier élément où les autres viennent se fondre après l'avoir en quelque sorte annoncé » (p. 10). L'introduction d'un nouvel élément n'élimine aucunement les précédents, mais, tout à l'inverse, il les inclut. Le présent contient le passé, parce que le passé l'annonçait et tendait vers lui.

On pourrait réduire la grâce à n'être qu'un exemple parmi les multiples autres analysés au cours du premier chapitre. Il est toutefois particulièrement significatif que la même continuité se retrouve dans le sentiment et dans le mouvement extérieur qui l'a suscité. Dans les attitudes présentes du danseur sont si bien « préformées les attitudes à venir » (p. 9) que le spectateur peut les pressentir. Parce que les gestes disgracieux, étant brusques, saccadés et discontinus, empêchent toute prévision, la conscience s'en éprouve exclue. Elle est au contraire irrésistiblement attirée par un mouvement gracieux, qui suscite d'autant plus sa sympathie qu'il semble sympathiser avec elle. On comprend pourquoi Bergson avait défini la politesse comme une « grâce de l'esprit » comparable à la grâce physique du danseur. Le paragraphe sur la grâce dans *l'Essai* reprend textuellement une partie du discours sur la politesse prononcé à Clermont-Ferrand le 30 juillet 1885 (*Mélanges*, p. 323). Il nous faut une souplesse d'esprit semblable à la souplesse corporelle du danseur pour nous mettre à la place de l'autre, suivre le mouvement de sa pensée et de sa volonté, sympathiser avec lui. Supérieure à la simple civilité et au respect des convenances, la politesse nous introduit dans un monde idéal : « comme la grâce (…), elle nous transporte de ce monde, où la parole est rivée à l'action, et l'action elle-même à l'intérêt, dans un autre, tout idéal, où paroles et mouvements s'affranchissent de leur utilité » (*Mélanges*, p. 324). La grâce est donc autant un principe moral qu'un principe esthétique. N'est-elle pas également la source du principe méthodologique fondamental en philosophie, puisque Bergson définira plus tard l'intuition comme la *sympathie* qui nous fait coïncider avec un objet ?

A mesure qu'il s'enrichit d'éléments nouveaux, le sentiment de la grâce s'approfondit jusqu'à accaparer toute l'âme. Le rythme a pour cela un rôle prépondérant. Son caractère prévisible nous permet de l'adopter, de le reproduire intérieurement, d'y engager « toute notre pensée et toute notre volonté » (p. 9-10). Plus généralement, c'est dans chaque expérience esthétique que le rythme suspend le cours ordinaire de notre vie psychologique pour nous rendre uniquement attentifs à l'objet. Son effet est semblable à celui de l'hypnose, que Bergson avait souvent étudiée à Clermont-Ferrand et dont il a rendu compte dans son article de 1886 sur *La simulation inconsciente dans l'état d'hypnotisme*. De même que l'hypnose hypertrophie la sensibilité du sujet, le rythme amplifie le sentiment éprouvé par l'auditeur ou par le spectateur. La moindre inflexion, intensément ressentie, envahit toute notre conscience. Une telle disproportion entre la cause et l'effet explique que l'art exprime moins qu'il n'imprime en nous des sentiments. Nul besoin de forcer le trait : une simple « suggestion » ou une légère « indication » (p. 12) suffit pour que nous pensions et sentions comme l'artiste. Une telle fusion des intériorités peut être obtenue artificiellement par l'hypnose. Bergson expliquait en 1886 comment il avait persuadé un sujet hypnotisé de s'identifier à lui, de manière à souffrir de ce qu'il souffrait. Par un rythme qui « s'empare de nous » (p. 11), l'art obtient une semblable sympathie et une semblable mobilisation de notre âme.

Le sentiment d'intensification d'un état psychologique allie donc la conscience de sa complexité croissante à celle de son approfondissement. Il constitue une donnée immédiate que la philosophie découvre sous les représentations statiques de l'intelligence. Mais il n'en est pas de même pour toute perception d'intensité dans nos états de conscience. Alors qu'il ne cessait de montrer la continuité de la vie émotionnelle, Bergson insiste dans le second moment du premier chapitre sur la discontinuité de ces états superficiels que sont les sensations : elles se succèdent par « sauts brusques » (p. 43, 48, 51). C'est ainsi qu'une sensation de chaleur est remplacée par une tout autre, qui rompt avec elle, même quand la température extérieure augmente graduellement et continûment. Notre sentiment immédiat ne fait que saisir la qualité unique de l'impression présente. Si nous disons qu'elle s'intensifie, c'est que nous avons contracté l'habitude de nous représenter en même temps la cause extérieure qui l'a changée. C'est pourquoi Bergson oppose à la perception originelle « la perception acquise » (p. 54) à force d'habitude. Une telle habitude explique comment la psychophysique peut vouloir mesurer une sensation à partir de la grandeur de sa cause, jusqu'à établir une loi liant par un rapport constant ces deux quantités variables. Mais, parce qu'elle est intérieure, la sensation n'est pas une grandeur qu'on pourrait mesurer. Lorsque Kant, dans *l'Analytique transcendantale*, distinguait la grandeur extensive et mesurable, de la grandeur intensive qui concerne la qualité, il risquait de rapprocher la qualité de la quantité alors qu'il voulait les différencier. Le terme « grandeur », pris au pied de la lettre, appelle en effet une quantification. Parler d'une sensation qui augmente ou diminue, c'est susciter la question : « de combien ? » En mêlant qualité et quantité, la sensation et la considération de sa cause, l'intensité se réduit à n'être ici qu'une représentation bâtarde.

La notion d'intensité renvoie donc à deux réalités psychologiques différentes. Pour les sentiments se complexifiant et s'approfondissant progressivement, l'intensité est une expérience purement intérieure qui constitue une donnée immédiate de la conscience. Lorsqu'il s'agit au contraire de sensations superficielles, elle est une donnée impure, car mêlée de la représentation des causes extérieures. Ici s'esquisse la distinction du moi profond et du moi superficiel qui sera développée plus loin. Mais, comme il s'agit malgré tout du même moi, les sensations discontinues sont prises, elles aussi, dans la continuité de la vie psychologique, et participent de la multiplicité intérieure analysée dans le second chapitre.

L'un et le multiple

Bergson distingue radicalement en effet la multiplicité de « pénétration réciproque » qui est intérieure et temporelle, de la « multiplicité de juxtaposition » qui est extérieure et spatiale (note p. 56). Alors que la première est immédiatement présente à la conscience, la seconde est représentée par l'intelligence. Se définissant comme une somme de choses extérieures les unes aux autres, la multiplicité dans l'espace exclut toute réelle unité ou continuité. Sans doute faut-il considérer chaque chose comme une unité, si l'on veut compter l'ensemble. Mais rien n'empêche ensuite de la décomposer en éléments toujours plus petits, puisque ce qui est étendu est indéfiniment divisible. L'unité n'est ici que provisoire. Comme il n'y a rien de simple et d'indécomposable dans l'espace, tout ensemble n'est qu'un agrégat semblable au tas de pierre dont parlait Leibniz. Tout à l'inverse, la vie intérieure comprend des éléments réellement simples et indivisibles que l'analyse atteint. Mais ils n'en sont pas pour autant séparés les uns des autres. Même les sensations se lient dans une continuité réelle, à la manière des sons d'une mélodie, si bien que l'âme est une unité aussi indécomposable que la monade leibnizienne.

Dans l'audition d'une mélodie, se succèdent effectivement des sensations sonores hétérogènes qui pourtant constituent un tout insécable. La qualité de chaque son nouveau dépend des précédents, de sorte qu'il est vécu tout différemment s'il prolonge la courbe déjà esquissée ou s'il marque une inflexion, une modulation, un changement de direction. Réciproquement, il modifie l'ensemble de la mélodie, il lui donne une nouvelle allure, une nouvelle physionomie. C'est ainsi également que, dans la perception d'un mouvement, les multiples sensations visuelles se lient entre elles pour former « une unité analogue à celle d'une phrase mélodique » (p. 84). L'ensemble même de notre vie psychologique est comme une mélodie qui commencerait à la naissance et ne finirait qu'à la mort. La conscience intègre donc l'unité de chaque état simple dans l'unité d'une série d'états, elle-même insérée dans l'unité du moi. Si la première unité est absolument indivisible, les autres contiennent une multiplicité d'éléments qui, loin de former de simples agrégats, se fondent les uns dans les autres. Une telle fusion se produit même quand les sensations sembleraient s'isoler, comme lorsque que nous écoutons des coups de cloche ou le tic-tac d'une horloge. Chaque coup entendu paraît séparé du précédent et du suivant par un intervalle vide. Mais cette impression trompeuse vient de ce que nous nous les représentons dans un espace idéal afin de les compter, plutôt que d'être attentifs à ce que nous ressentons immédiatement. En réalité, la sensation sonore présente est grosse des sensations passées, ce qui lui donne sa qualité singulière. Elle s'insère dans un processus tout aussi dynamique et unifié que celui d'une mélodie.

Toutes ces analyses convergent vers la définition de la durée comme « une succession de changements qualitatifs qui se fondent, qui se pénètrent » (p. 77). Loin d'être une forme immuable recevant les multiples changements, la durée n'est rien d'autre que la succession même des qualités. Or, comme il n'y a de succession de qualités que pour une conscience, Bergson fait de la durée « une synthèse *mentale* » (p. 82, 89), c'est-à-dire un « processus *psychique* » (p. 82) qui lie continûment les moments hétérogènes. Sans mémoire, aucune succession n'est possible : même quand il s'agit du monde extérieur, « la succession existe seulement pour un spectateur conscient qui se remémore le passé » (p. 81), qui compare l'état présent du monde avec l'état précédent. Hors de nous, les choses existent dans un présent instantané dont le passé est exclu. La succession exigeant la conscience de la succession, c'est nous qui l'introduisons dans le monde extérieur. On voit que, dans *l'Essai*, Bergson concentre toute durée dans la conscience humaine, même s'il évoque parfois la mystérieuse raison pour laquelle les événements nous apparaissent successivement plutôt que simultanément (*cf.* p. 157, 170). Aussi nous met-il en garde contre la conception traditionnelle du temps qui mêle subrepticement durée et espace. De la durée, elle retient la succession, qu'elle projette artificiellement sur la réalité extérieure. De l'espace, elle retient la grandeur homogène et mesurable, qu'elle plaque sur la réalité intérieure. Elle obtient ainsi un concept bâtard qui, tenant plus de l'espace que de la durée réelle, dénature notre vie psychologique.

Moi superficiel et moi profond

C'est d'une telle déformation que naît le moi superficiel. Alors que le moi profond se perçoit immédiatement lui-même, le moi superficiel est le moi tel que nous nous le représentons lorsque nous séparons et uniformisons les états de conscience. C'est pourquoi il n'est que « l'ombre du moi projetée dans l'espace homogène » (p. 95). Loin de sa véritable nature, rendu étranger à lui-même, il n'a pas plus de réalité qu'une ombre. Bergson ne le réduit pourtant pas à une simple apparence. En plus des sentiments profonds qui se développent intérieurement, notre vie psychologique est constituée d'états superficiels nés de son contact avec le corps et avec le monde extérieur. Mais alors, au lieu de désigner deux modes d'appréhension, la distinction du superficiel et du profond s'applique désormais à deux côtés réels du moi. La conception de Bergson pourrait sembler, là encore, ambiguë, fluctuante, voire contradictoire. Tantôt, il montre la possibilité d'analyser une opération de la conscience selon deux lectures différentes. C'est ainsi que l'opération de compter peut, d'un point de vue extérieur, se définir par l'addition d'unités homogènes et séparées, et, d'un point de vue intérieur, se décrire comme la progression continue et hétérogène des actes de conscience. D'autres fois, Bergson montre que les sensations superficielles tendent à se détacher : « nos sensations successives, bien que se fondant les unes dans les autres, retiennent quelque chose de l'extériorité réciproque qui en caractérise objectivement les causes » (p. 93). Plus les états psychologiques dépendent du monde extérieur, plus ils tendent à se distinguer ;

plus ils sont profonds, personnels, intimes, plus ils tendent à fusionner. Il ne s'agit là que de tendances, puisque la discontinuité ne rompt pas plus la continuité que la continuité n'empêche la discontinuité ou la multiplicité. Mais leur différence d'accentuation explique qu'il soit plus facile de distinguer les sensations entre elles que les éléments constitutifs d'un sentiment profond, et plus difficile de saisir la fusion des premières que celle des seconds.

Si Bergson passe ainsi de la dualité des perspectives à la dualité du moi lui-même, c'est que les deux sont liés. À force de nous représenter superficiellement notre vie psychologique, une part finit par ressembler à notre représentation. Les états tendent à s'isoler, se figer, se dépersonnaliser. Empruntés aux autres par imitation, certaines idées ou certains désirs forment une couche parasite que notre personnalité ne peut assimiler. Lorsque nous en restons à ce moi superficiel, nous réagissons aux événements extérieurs par des actes automatiques, nécessaires et prévisibles. Tout à l'inverse, en renouant avec notre personnalité intime, nous agissons selon notre propre manière de sentir, de penser et de vouloir. Au lieu d'être déterminés par des influences extérieures, nous nous déterminons en fonction de notre être profond. C'est en cela que consiste la liberté décrite dans le troisième chapitre de l'*Essai*.

La liberté

La liberté consiste en effet à vouloir ressaisir nos pensées et nos aspirations les plus personnelles : « nous sommes libres toutes les fois que nous voulons rentrer en nous-mêmes » (p. 180). Par un processus de condensation, il s'agit de concentrer notre vie profonde dans une « tension croissante de sentiments et d'idées » (p. 127). Une telle tension aboutit à la décision comme à son point culminant, avant de s'extérioriser dans l'acte.

Deux métaphores viennent éclaircir et préciser ce processus. La première est celle de l'arbre dont le long développement organique produit le fruit qui finit par tomber. De même, la décision mûrit lentement dans l'intériorité du moi « jusqu'à ce que l'action libre s'en détache à la manière d'un fruit trop mûr » (p. 132). Une telle analogie pourrait étonner si on se rappelle que, dans le chapitre précédent, la conscience seule paraissait à Bergson capable de durer. On s'en étonnera moins si on se reporte à *L'Evolution créatrice*, écrite une quinzaine d'années plus tard, où il attribue à la vie une origine psychologique, et l'identifie à une sorte de vouloir. Mais, dans le troisième chapitre de *l'Essai*, il suggère déjà qu'une consubstantialité de la conscience et de la vie est possible, même s'il se garde d'être trop affirmatif sur un sujet qu'il n'a pas encore réellement étudié. Alors qu'on peut toujours revenir aux états antérieurs de la matière inerte, le devenir des vivants lui paraît irréversible. En eux, « la durée semble bien agir à la manière d'une cause » (p. 115). Sans doute se pourrait-il que les phénomènes vitaux se réduisent à des phénomènes physico-chimiques très complexes, et qu'ils s'expliquent finalement par un mécanisme dépourvu de durée. Mais il est beaucoup plus probable que le vivant évolue à la manière d'une conscience, ce qui justifie de comparer l'acte libre au fruit produit par un arbre.

C'est donc par un mûrissement progressif et continu que l'on passe de la délibération à la décision, puis à l'acte. Mais l'intelligence ignore un tel dynamisme. Séparant ce qui en réalité s'organise en un unique progrès, elle ne peut aucunement rendre compte du *passage* de la délibération à la décision, et de la décision à l'action. Bien plus, elle exprime la liberté en termes de contingence, comme si l'action avait pu être différente, comme si elle était l'objet d'un choix, alors qu'en fait la conscience libre ne choisit pas plus son acte que l'arbre ne choisit son fruit. C'est là se tromper sur la nature de la volonté, en la considérant comme une sorte de tribunal intérieur qui considère objectivement les raisons d'agir et adopte la plus convaincante. Or une telle conception de la volonté conduit tout autant à nier la liberté qu'à l'affirmer. Tantôt, on pense qu'elle peut choisir «indifféremment» (p. 133) une option plutôt qu'une autre, et donc que décisions et actions sont imprévisibles. Tantôt, on soutient le contraire, puisque si elle a fini par se décider, c'est qu'un motif avait plus de poids qu'un autre et l'emportait mécaniquement sur lui, de sorte que le résultat était aussi nécessaire que prévisible.

Mais la volonté n'a en réalité aucunement la fonction d'un juge neutre et impartial, dont le rôle consisterait à trancher entre diverses actions possibles. Elle est un pouvoir créateur, une force capable de s'intensifier, de se développer, d'augmenter sa tension pour en faire jaillir ce qui n'existait pas. C'est pourquoi Bergson recourt à une seconde métaphore, celle de la création artistique. En effet, «nous sommes libres quand nos actes émanent de notre personnalité entière, quand ils l'expriment, quand ils ont avec elle cette indéfinissable ressemblance qu'on trouve parfois entre l'œuvre et l'artiste» (p. 129). Il est vrai que l'acte libre, comme l'œuvre, ne peut pas être prévu. Mais ce n'est pas pour autant qu'il était contingent, qu'il aurait pu être autre qu'il n'a été. Notre acte exprime ce que nous sommes à ce moment de notre vie, de la même façon que l'œuvre reflète le talent actuel de l'artiste. Quoique n'en résultant pas mécaniquement, acte libre et œuvre sont annoncés et comme préformés dans la personnalité de leur auteur.

Il s'en suit que la liberté est susceptible de degrés : plus un acte est expressif et plus il est libre (p. 126). Aucun critère extérieur ne peut pourtant en décider. Seule l'intensité du sentiment intérieur en témoigne. Je suis d'autant plus libre que je me sens davantage uni à moi-même et coïncider avec le courant de ma vie profonde. Enfin, j'agis selon *mes* pensées et *mes* sentiments, au lieu de me laisser influencer par les autres ou par les événements. Enfin, je suis moi-même. La liberté ne peut se saisir que du dedans, par la manière dont on vit sa propre action. Plutôt que de comparer l'action achevée à d'autres actions dont on imagine qu'elles étaient possibles, mieux vaut en éprouver la qualité intrinsèque pendant qu'elle se prépare et s'accomplit. La liberté consiste donc essentiellement dans un état affectif. Elle est expressive plus que raisonnable. Puisque ce ne sont pas des motifs isolés qui déterminent l'action, celle-ci peut paraître « sans raison », voire même « contre toute raison » (p. 128). Mais « l'absence de raison *tangible* » (p. 128), c'est-à-dire que l'intelligence peut facilement comprendre et exprimer dans le langage, n'est pas l'absence complète de raison. L'action libre n'est aucunement absurde, insensée, irrationnelle. Tout à l'inverse, elle consiste à agir selon sa conception personnelle de la vie, du bonheur et de l'honneur. Toute différente des motifs particuliers que l'intelligence isole artificiellement, c'est là « la meilleure des raisons » (p. 128).

MATIÈRE ET MÉMOIRE (1896)

Le corps et l'esprit : solidarité et irréductibilité

Alors que l'*Essai* s'efforçait d'élucider la nature de la conscience en étudiant ses données immédiates, le second livre de Bergson porte sur son rapport au corps. A l'analyse des faits intérieurs, il joint celle des faits extérieurs observés par les scientifiques, quitte à en renouveler l'interprétation. Une telle méthode suggère que la philosophie, au lieu de s'en tenir à l'observation intérieure, l'éclaire et la complète par les découvertes de la science. Il s'agit en effet moins de comprendre comment l'esprit peut se lier à un corps, que comment le corps peut se rapporter à un esprit. D'où le sous-titre de l'ouvrage : Essai sur la relation *du corps à l'esprit*. Formulé de la sorte, il annonce le but explicité au début du chapitre IV : « définir le rôle du corps dans la vie de l'esprit » (p. 200). La question se concentre sur la fonction de cet organe privilégié qu'est le cerveau, car c'est lui qui insère l'esprit dans la matière, qui lui permet de s'adapter à la situation présente afin d'y agir efficacement. Sans le cerveau, l'esprit n'aurait affaire qu'à lui-même, perdrait tout contact avec le corps et avec le monde, ne pourrait pas plus percevoir la réalité extérieure qu'agir sur elle. Sa vie en serait grandement affectée, comme en témoignent les maladies liées aux lésions cérébrales. Dans l'aphasie, le patient ne parvient plus à se rappeler les mots pour les reconnaître ou pour les prononcer. Son passé est comme mort, car impuissant à revivre dans le présent. Dans la folie, l'esprit est désorienté : il a perdu tout point de repère, il ne sait pas comment agir. Parce qu'il n'a plus prise sur les choses, elles lui paraissent sans solidité, irréelles. Le sens de la réalité a disparu en même temps que le pouvoir sur elle. C'est donc le cerveau qui *oriente* la vie mentale vers le monde extérieur et vers l'action. En cela consiste son rôle essentiel.

Si l'esprit a besoin du cerveau, ce n'est pas pour autant qu'il s'y réduit. Bergson ne cesse de critiquer le matérialisme qui considère les fonctions intellectuelles comme de simples fonctions cérébrales. La conscience ne serait alors qu'un épiphénomène, c'est-à-dire un phénomène superficiel, dérivé des phénomènes cérébraux, et s'expliquant par eux. A la manière d'une couleur phosphorescente réfléchissant la lumière, elle reflèterait les mouvements cérébraux par un processus strictement physique. Bergson utilise souvent cette métaphore de la phosphorescence pour rendre compte du matérialisme (MM, p. 19 ; ES, p. 33). Mais, même si elle se veut empiriste, une telle conception est toutefois réfutée par l'expérience. Dans l'aphasie, quoique des cellules cérébrales aient été détruites, les souvenirs des mots ne sont pas anéantis. La preuve en est qu'ils peuvent resurgir à la faveur d'une émotion, ou lorsque le médecin en prononce la première syllabe (MM, p. 131). Quand le cerveau est lésé, l'esprit n'est atteint que dans sa capacité à *se rappeler* les souvenirs, mais pas dans celle de les *conserver*. Le passé est en effet là, tout entier, même si le malade peine à l'actualiser. On observe également que le fou continue à raisonner logiquement, bien que sans rapport avec la réalité. Ce n'est donc pas la pensée en elle-même qui est déficiente, mais son pouvoir d'appréhender le monde, de s'y ajuster. De tels faits conduisent Bergson à « ériger l'esprit en réalité indépendante » (p. 77), et à penser la mémoire « comme une puissance absolument indépendante de la matière » (p. 76). Voilà une philosophie explicitement et résolument dualiste, « nettement dualiste » (p. 1), « poussant le dualisme à l'extrême » (p. 254), et qui pour autant ne renonce pas à étudier la relation entre les deux réalités distinctes.

Comment toutefois concilier indépendance et relation, différence « extrême » et union ? Cette question constituait la principale difficulté de la philosophie cartésienne. En faisant de l'âme et du corps deux substances radicalement distinctes, Descartes rendait leur union incompréhensible. On ne peut surmonter cette difficulté qu'en refusant d'établir une différence substantielle entre les deux, pour penser un autre type de différence. Bergson en fait une différence temporelle. Alors que le corps, comme tout ce qui est matériel, adhère au présent, l'âme s'en désolidarise. Elle se définit par le passé, c'est-à-dire par la mémoire. Une telle définition sera continuellement reprise par Bergson, comme par exemple dans la conférence de 1911 intitulée *La conscience et la vie* : « toute conscience est donc mémoire – conservation et accumulation du passé dans le présent » (p. 5). Ce n'est pas seulement qu'elle *a* des souvenirs ; mais elle *est* la totalité de son passé qui, loin d'être aboli, survit intégralement dans le présent. Il constitue son être même. Elle en est inséparable. Tout à l'inverse, la matière se définit comme « un présent qui recommence sans cesse » (MM, p. 154), comme un présent qui, indéfiniment répété, exclut toute mémoire. Entre matière et esprit se manifeste donc la même différence qu'entre matière et mémoire, ce qui explique le titre de l'ouvrage. Il s'agit d'une différence de nature, d'une opposition absolue : « la distinction ne reste-t-elle pas tranchée, l'opposition irréductible, entre la matière proprement dite et le plus humble degré de liberté et de mémoire ? » (p. 250). Il n'y a effectivement rien de commun entre le présent et le passé. Alors que le présent est tout entier actuel, le passé n'a de réalité que virtuelle. Sans doute pourrait-il s'actualiser dans une image consciente et présente, de manière à aider l'action. Inactif, il pourrait devenir actif. Mais, en attendant, il demeure caché, inconscient et impuissant. Il ne peut donc résider que dans l'esprit, puisque la virtualité caractérise son mode d'existence. Bergson affirme en effet des plans de conscience qui sont en même temps des plans de mémoire, « qu'ils existent (…) virtuellement, de cette existence qui est propre aux choses de l'esprit » (p. 272).

Perception et souvenir

Une telle opposition du présent et du passé explique la différence de nature que Bergson établit entre la perception, qui est du présent, et le souvenir, qui est du passé : « il n'y a pas une différence de degré, mais de nature, entre la perception et le souvenir » (p. 266). Si le passé peut être rappelé dans une image présente, s'il peut être rendu présent, le présent quant à lui ne peut en aucun cas être du passé. Le virtuel peut s'actualiser, mais l'acte ne peut pas se virtualiser. Avec du passé, on peut faire du présent : il suffit de se le représenter à présent pour enrichir la perception et éclairer le choix de l'action à entreprendre. Mais avec du présent, on ne pourra jamais faire du passé. Aussi est-il est absurde de penser le souvenir comme une trace cérébrale qui, réactivée, se manifesterait à la conscience. Tout entière matérielle et présente, une trace ne peut pas, par elle-même, renvoyer au passé. Si tel était le cas, le souvenir se distinguerait d'une perception par un degré inférieur d'intensité, ce que l'expérience contredit absolument. On peut en effet se souvenir d'un son fort et percevoir un son faible sans aucunement confondre souvenir et perception, passé et présent. Mais, même dans le cas d'un son fort entendu à présent et d'un son faible remémoré, le souvenir n'est en aucun cas une perception affaiblie. Car la conscience n'accède pas au passé par l'intermédiaire du présent ; elle ne peut y accéder qu'immédiatement, en s'installant d'emblée dans le virtuel et donc dans le spirituel : « nous n'atteindrons jamais le passé si nous ne nous y plaçons pas d'emblée » (p. 149). Tout au contraire, étant actuelle, la perception est apparentée à la matière. C'est pourquoi Bergson constate qu'« en passant de la perception pure à la mémoire, nous quittons définitivement la matière pour l'esprit » (p. 265).

De sorte qu'«avec la mémoire, nous sommes bien véritablement dans le domaine de l'esprit » (p. 271).

Mais, paradoxalement, c'est jusque dans la mémoire que Bergson introduit une différence de nature. C'est ainsi que deux sortes de souvenirs se forment lorsqu'un enfant apprend une leçon par cœur. Sa mémoire conserve le souvenir précis, individuel et définitif de chaque lecture, mais aussi le souvenir global et général de la leçon. Alors que le premier souvenir est retenu spontanément et donné d'emblée, le second se forme progressivement par des exercices répétés. Loin de simplement additionner les souvenirs particuliers successifs, il consiste dans une disposition nouvelle du corps qui le rend capable d'une récitation machinale, automatique. Le souvenir de la leçon sue par cœur n'est pas plus intense que celui d'une lecture particulière. Il ne fait pas que le renforcer, en lui adjoignant les souvenirs des autres lectures. Il est tout autre. On observe donc «entre ces deux genres de souvenirs une différence profonde, une différence de nature» (p. 85). Les souvenirs individuels sont conservés dans une mémoire indépendante, qui accumule d'elle-même le passé sans se préoccuper de son utilité. Tout à l'inverse, l'habitude de réciter dépend entièrement du corps. Elle consiste en un ensemble coordonné de mécanismes moteurs, disponibles pour l'action, et qui peuvent être déclenchés à loisir. C'est pourquoi la mémoire-habitude est tout entière motrice et corporelle. Elle ne se *représente* pas le passé dans sa singularité et dans sa richesse. Elle ne peut que le *jouer* sous forme de mouvements. Nulle virtualité n'intervient ici : lorsque l'habitude n'est pas utilisée, elle subsiste dans des mécanismes corporels tout montés ; quand ils sont déclenchés, ils fonctionnent d'eux-mêmes, automatiquement. Dans les deux cas, on n'a affaire qu'à de l'actuel, du présent, du matériel. Si bien que la mémoire-habitude est «habitude plutôt que mémoire» (p. 168). N'est véritablement mémoire que celle qui retient le passé par «une puissance absolument indépendante de la matière» (p. 76), mémoire non pas corporelle mais spirituelle. C'est elle que Bergson appelle «la mémoire par excellence» (p. 89), ou «la mémoire vraie» (p. 168).

L'esprit se distingue donc du corps comme le passé du présent, comme la mémoire de la perception, ou encore comme le souvenir individuel de l'habitude. En quoi une telle différence temporelle rend-elle toutefois possible en l'homme l'union de l'âme et du corps que rendait impossible la distinction des substances chez Descartes ? C'est qu'une substance pensante ne pourrait jamais se rapprocher de l'étendue, car il n'y a nul passage possible de l'une à l'autre. Tout à l'inverse, le souvenir peut se matérialiser dans une image, le passé s'actualiser dans le présent, la mémoire enrichir la perception. Sans doute le souvenir pur, qui n'est que du passé, est-il strictement spirituel. Sans doute la perception pure, qui n'est que du présent et qui dépend du corps, est-elle «encore quelque chose de la matière» (p. 274). Mais le premier, en s'actualisant dans une image présente, peut entrer en contact avec la perception jusqu'à l'imprégner. Une telle synthèse du passé et du présent, de l'esprit et de la matière, se réalise dans la perception concrète, vécue, réelle. Les images du passé viennent s'y superposer à l'image présente. C'est en projetant des souvenirs sur l'objet perçu qu'on le reconnaît précisément, et c'est en s'appuyant sur son expérience antérieure qu'on peut apprécier exactement la situation vécue. Par la perception concrète, l'esprit s'insère dans le corps à la suite d'un processus continu, que Bergson résume au début du chapitre III : le souvenir pur «se matérialise» dans un souvenir-image, qui «tend à *s'incarner*» dans la perception (PM, p. 147).

Si l'esprit se définissait comme une *substance* inétendue, il ne pourrait jamais entrer en contact avec l'étendue et le corps.

On voit que Bergson retrouve ici la méthode d'analyse mise en œuvre dans l'*Essai*. Il distingue les deux éléments simples contenus dans la perception concrète, la perception et le souvenir, sans pour autant en faire deux choses isolées, séparées et simplement juxtaposées dans la vie intérieure. Le rôle du philosophe psychologue est « de les dissocier, de rendre à chacun d'eux sa pureté naturelle » (p. 69), afin de ne pas établir une simple différence de degré là où il y a une véritable différence de nature. Cela ne l'empêche pas ensuite de rétablir la continuité entre les éléments et de saisir leur fusion intime, car « ces deux actes, perception et souvenir, se pénètrent toujours » (p. 69). Saisir la nature de chacun d'eux permettra de mieux saisir la nature de leur relation. Dans la perception pure, nous nous représentons un objet extérieur qui affecte notre corps. Son étude nous fera donc élucider précisément le rôle du corps et, en particulier, du cerveau, dans toute perception. Inversement, le souvenir pur, représentation d'un objet absent, ne concerne que l'esprit. Si Bergson l'étudie, c'est avant tout pour prouver que la vie psychologique n'est pas produite par la vie cérébrale, et qu'il faut se garder d'établir une relation causale entre les deux. Voilà pourquoi la mémoire est « un problème privilégié » (p. 78). Autant l'esprit se rapproche du corps dans la perception pure jusqu'à presque s'y confondre, autant il s'en distingue et le déborde de toutes parts dans la mémoire pure. Le premier chapitre de *Matière et mémoire* insiste sur leur solidarité, tandis que les deux suivants montrent l'irréductibilité de la vie mentale à la vie cérébrale. Le quatrième chapitre s'efforce d'expliquer comment l'union de l'âme et du corps est possible malgré la différence radicale entre matière et mémoire, présent et passé, perception et souvenir. Il concilie de la sorte solidarité et irréductibilité.

Perception et chose

En distinguant absolument la représentation consciente et la chose extérieure, le dualisme classique rendait la perception incompréhensible. Car s'il n'y a rien de commun entre les deux, comment le monde extérieur pourrait-il nous apparaître ? C'est ainsi que Descartes creusait un abîme entre la chose étendue et la représentation inétendue. Ce qui, dans la nature, n'est que grandeur, figure et mouvement, l'âme le traduirait en une sensation d'une tout autre nature. Mais comment la matérialité extérieure pourrait-elle se convertir, dans l'âme, en une représentation immatérielle ? Pas plus ce dualisme ne rendait compte de la relation de l'âme et du corps, pas davantage n'expliquait-il comment la conscience peut se représenter la réalité extérieure. En fait, la chose ne peut être perçue que si elle est de même nature que la perception. Bergson renverse le dualisme classique. Alors que celui-ci établissait une différence de nature entre la chose et sa représentation, et une différence de degré entre les deux sortes de représentation que sont la perception et le souvenir, Bergson introduit la différence radicale au sein de la représentation, et ne distingue que par le degré la représentation perceptive et la réalité matérielle. C'est en régénérant le dualisme qu'il espère le sauver de ses apories. Bien que se distinguant de l'objet et n'étant pas tout l'objet, la perception est quelque chose de lui. Elle n'est donc pas une pure pensée inétendue se confrontant à une chose matérielle. L'idéalisme de Berkeley soutenait que l'objet n'existe que dans la représentation ; mais comment une pensée sans matière pourrait-elle produire de la matière ? Le réalisme de Descartes soutenait à l'inverse que la représentation résulte d'un objet existant indépendamment d'elle ; mais comment une matière sans pensée pourrait-elle produire de la pensée ? En réalité, seul le même peut percevoir le même, de sorte que Bergson retrouve la thèse aristotélicienne de l'identité du sentant et du senti.

Une fois posé qu'il doit y avoir identité de nature entre la perception et la chose extérieure, il reste à déterminer ce qu'elles ont de commun. Loin de posséder le caractère inétendu du souvenir pur qui appartient à la seule pensée, la perception pure « ferait véritablement partie de la matière » (p. 250). Elle « serait comme un fragment détaché tel quel de la réalité » (p. 262), une partie de la matière qui nous intéresse et qu'elle isole du reste du monde. L'utilisation ici du conditionnel rappelle que la perception pure est un cas limite qui ne se réalise jamais. Mais, si elle se produisait, elle ne pourrait le faire que sous une forme strictement étendue, – celle d'une *image*. Sans doute Descartes employait-il aussi le terme d'image pour rendre compte de la perception, mais en la concevant comme la représentation *immatérielle* d'un objet matériel. De sorte qu'il en faisait une *idée* adventice. Pour Bergson, l'image perçue n'est aucunement une idée immatérielle, sans rapport à l'objet réel. Elle a la même extension que lui. Si elle parvient à la conscience, c'est qu'elle se détache du reste du monde, à la manière dont un « tableau » s'isole par son cadre de l'espace environnant (p. 33). L'objet s'éclaire d'être ainsi distingué de son fond laissé dans l'ombre. La conscience naît donc de la concentration de *l'attention* sur un objet particulier. Elle exige d'éliminer la plupart des choses présentes dans notre champ perceptif, pour n'en retenir qu'une infime part. C'est pourquoi il y a toujours *moins* dans la représentation que dans la réalité qui se présente à nos sens. La tradition philosophique concevait la représentation comme une reproduction de la chose en miniature, ou comme une construction par laquelle la pensée intellectualise et conceptualise le donné sensoriel. Elle en faisait *plus* qu'une simple présence. Mais nous sentons bien que la perception nous installe au cœur même des choses. Je perçois l'objet en lui, pas en moi. Je le vois d'emblée hors de moi. La perception nous fait donc coïncider avec la chose extérieure, qui n'est pas construite rationnellement, mais « touchée, pénétrée, vécue » (p. 72).

Une telle immédiateté dans mon contact à l'objet n'est néanmoins possible que parce qu'il est, lui aussi, une image. Comment la perception consciente aurait-elle en effet quelque chose de l'objet si l'objet n'avait également quelque chose d'elle ? Il lui est apparenté en ce que son être s'identifie à son apparaître : « la matière est absolument comme elle paraît être » (p. 76). Nulle chose en soi ne se cache derrière le phénomène. Ce qui n'est pas perçu pourrait l'être sans changer de nature. Contrairement à la théorie kantienne, on perçoit donc l'objet tel qu'il est en lui-même, et non relativement à nos facultés. Puisque la matière n'est que du visible, elle peut se définir comme un ensemble d'images. Les objets perçus sont des images conscientes ; les objets non perçus sont des images inconscientes, mais qui pourraient devenir conscientes. Si la matière était totalement étrangère à la représentation, elle ne pourrait pas être représentée. Constitué d'images, l'univers matériel ne s'oppose pas absolument à la conscience. Bergson va jusqu'à penser qu'il est « une espèce de conscience » (p. 264), qui est « comme une conscience neutralisée » (p. 279), puisque toutes les images sont données sans qu'aucune sélection ne vienne en illuminer certaines.

Le rôle du cerveau

D'où nous vient alors la capacité de nous représenter certains objets privilégiés entre tous ? Une telle sélection des images utiles est rendue possible par l'activité du cerveau. A la manière d'un poste d'aiguillage, il peut en effet diriger le mouvement reçu par les organes sensoriels dans plusieurs directions différentes. Au lieu de restituer immédiatement ce mouvement dans une réaction automatique, il hésite entre plusieurs réactions possibles. La conscience se loge dans cet écart entre les impressions subies et l'action accomplie. La preuve en est qu'un simple réflexe de la moelle épinière ne s'accompagne d'aucune perception consciente. La conscience n'apparaît que lorsque le cerveau *retarde* le déclenchement de la réaction effective, pour « s'essayer par avance à plusieurs actions simplement possibles » (p. 15). Elle se représente alors les objets extérieurs susceptibles d'être utilisés. Ainsi peut-elle choisir, parmi les réactions préparées ou esquissées par le cerveau, celle qui lui semble la mieux adaptée à la situation. Si la conscience « consiste précisément dans ce choix » (p. 35), c'est qu'elle y a été incitée par l'indétermination que le cerveau introduit dans le monde d'images. C'est pourquoi, bien qu'il ne choisisse pas lui-même, celui-ci est néanmoins l'instrument ou l'organe du choix. C'est lui qui lie la perception à l'action, de sorte que la conscience se représente les objets en dessinant l'action future sur eux. Il en résulte une image qui ne retient que les aspects utiles de cet ensemble d'images qu'est le monde. Loin de le contempler de façon désintéressée, la conscience le considère d'une manière strictement pragmatique. La perception est donc moins une représentation qu'une action, et moins une action réelle et présente qu'une action possible et anticipée.

Il ne faudrait pas conclure de cette analyse que le cerveau est la cause de la perception, mais plutôt qu'il la limite à l'utile. Incapable de *produire* la vie psychologique, il ne fait que l'*orienter*. La conscience ne réside en effet pas plus dans les centres sensitifs que dans les centres moteurs, mais surgit lors de leur mise en rapport complexe et indéterminée. Percevoir, ce n'est pas seulement recevoir une impression, c'est préparer une réaction. Sans doute les mouvements naissants qui commencent l'action se produisent-ils dans le cerveau. Mais celui-ci ne fait que jouer ou mimer la perception consciente. C'est pourquoi la perception peut se définir comme une « action virtuelle », et l'état cérébral comme une « action commencée » (p. 262). Les mouvements du cerveau miment l'action future que dessine la perception, ils jouent l'action projetée par la pensée. Ils en sont l'accompagnement moteur. Loin de s'expliquer par un rapport mécanique de causalité, la correspondance entre l'état cérébral et la perception consciente est de nature *symbolique*, c'est-à-dire analogique ; car le corps « ne fait que symboliser matériellement » l'âme (p. 249). Ce n'est pas que la pensée reflète le cerveau, comme chez les matérialistes, ni que les mouvements cérébraux se traduisent en sensations, comme chez Descartes. C'est plutôt le cerveau, à l'inverse, qui traduit l'action envisagée par la pensée, en extrayant d'elle ce qu'il peut en préparer par ses mouvements.

Il est vrai que l'action projetée n'est pas n'importe laquelle, qu'elle est elle-même appelée par les réactions motrices ébauchées dans le cerveau. Plusieurs étant possibles, il s'ensuit une hésitation qui suscite la perception. De sorte qu'il n'y a guère plus dans la perception pure que dans les mouvements corporels. Si la conscience est figurée par un cône, la perception pure se situe en sa pointe. Mais pour autant elle

n'adhère pas complètement au présent instantané, elle le
déborde déjà en se représentant une action future. Le terme
« virtuel » utilisé par Bergson pour la qualifier indique la
présence de l'esprit, même s'il n'y est qu'en son plus bas
degré : « la perception pure (…) est le plus bas degré de l'esprit
– l'esprit sans la mémoire » (p. 250). Si la représentation ne
faisait que refléter l'état cérébral, nous verrions l'objet en
nous, et non pas hors de nous. Puisque nous le percevons où il
est, c'est que notre âme déborde notre corps dans l'espace.
Mais elle ne le déborde dans l'espace que parce qu'elle le
déborde aussi dans le temps. Plus un objet est proche, plus il
appelle une réaction rapide. Tout à l'inverse, la réaction s'éloigne dans le temps à mesure que l'objet s'éloigne dans l'espace
(p. 29 et 162). L'extention de notre champ perceptif dépend
donc du degré de notre anticipation.

La perception pure ne se réduit donc pas à un instant
ponctuel : elle inclut à la fois l'avenir anticipé et le proche
passé. Dans la moindre sensation, la conscience contracte en
effet de multiples vibrations sonores ou visuelles. C'est ainsi
que des trillions d'ébranlements sont ramassés dans une
unique sensation colorée. En opérant une telle synthèse des
instants successifs, la représentation se distingue des mouvements corporels qui, eux, se produisent ici et maintenant. Elle
est donc irréductible à l'état cérébral, même si elle en est
presque inséparable. Car la coïncidence n'est que partielle,
et jamais totale. Malgré la différence tranchée entre la matière
et l'esprit, « leur union est possible, puisqu'elle est donnée,
sous la forme radicale de la coïncidence *partielle*, dans la
perception pure » (p. 250).

Rythme et durée

Le cerveau ne peut donc pas produire une représentation, mais seulement répondre aux mouvements reçus du dehors par ceux déployés dans l'action. Le mouvement ne peut en effet produire que du mouvement, mais non une représentation consciente qui déborde l'instant présent. Il n'en reste pas moins qu'on peut passer des mouvements cérébraux à la représentation consciente, sinon toute perception serait impossible. Le corps reçoit ses impressions de l'univers matériel qui se définit comme un ensemble de mouvements. Rien n'y est stable, tout y vibre. La conscience *condense* ces vibrations, de manière à rendre les scansions insensibles. Les immobilisant en une vue stable et indivisible, elle ralentit le rythme effréné de l'univers. Percevoir, c'est résumer de multiples événements, c'est les confondre en une même sensation afin de pouvoir agir efficacement.

La sensation n'est donc pas plus étrangère à la matière que l'univers matériel n'est essentiellement distinct de notre représentation. Descartes avait tort d'opposer absolument les qualités sensibles, strictement subjectives, aux propriétés intrinsèques des objets. Il concevait la sensation comme une idée inétendue, et l'étendue comme un espace homogène, indéfiniment divisible, où le mouvement se réduit à n'être qu'un changement de lieu. En réalité, étant une vue prise sur la mouvance du monde extérieur, chaque sensation participe de l'étendue. Elle est extensive. Comme la couleur, le son, l'odeur, toutes les qualités sensibles sont dans la chose tout autant que dans la perception, puisqu'on passe de l'une à l'autre par un simple *changement de rythme*. La succession des sensations dans la conscience est seulement plus lente que la succession des vibrations dans la matière. Toute différente de l'espace homogène imaginé par Descartes, l'étendue réelle « contient la diversité des qualités sensibles » (p. 244). Il n'y a donc pas « de différence essentielle, pas même de distinction véritable, entre la perception et la chose perçue, entre la qualité et le mouvement » (p. 245).

Quoi de commun toutefois entre un mouvement se déroulant à présent dans l'espace, et une perception consciente qui contient le récent passé et l'imminent avenir ? C'est que le mouvement ne peut se définir en termes uniquement spatiaux, comme un changement de lieu. Le déplacement est le résultat du mouvement, non son essence. Dans l'*Essai*, Bergson avait montré que ma perception du mouvement est indivisible, qu'elle se déroule dans une durée continue. Mais il réservait la durée à la vie psychologique, l'excluant du monde matériel. Il lui semblait même que la succession existât seulement pour une conscience qui compare l'état présent avec l'état précédent. Ne serait-il pas toutefois possible de renverser la proposition ? Peut-il y avoir une conscience de la succession extérieure sans une succession réelle des états du monde ? Dans la matière, tout est mouvement. Et le mouvement lui-même ne peut se produire que si le passé se prolonge dans le présent et si le présent tend vers l'avenir. Le passage progressif et continu de la position initiale à la position finale exige la liaison ininterrompue des moments successifs. Bien plus, l'univers matériel dans son entier ne perdure que par la survivance spontanée du passé dans un présent qui se porte vers l'avenir (p. 166). Sinon, il renaîtrait à chaque instant dans une sorte de miracle perpétuel, exigeant cette création continue que Descartes avait imaginée.

Perception et chose ont donc en commun la durée, qui est liaison et donc tension, en plus de l'extension. Plus intense dans la conscience, elle est plus relâchée dans l'univers matériel. La conscience est d'autant plus tendue qu'elle contracte davantage d'événements extérieurs dans une sensation indivisible. Tout à l'inverse, pour se maintenir dans l'existence, le monde ne retient que l'instant immédiatement antérieur. Du coup, les événements s'y distinguent au lieu de s'unifier dans un état simple ; ils se succèdent en un rythme très rapide au lieu de se contracter dans la simultanéité d'une sensation. La tension de la durée est donc inversement proportionnelle à la rapidité de son rythme.

La présence de la durée dans le monde rapproche ainsi la chose de la représentation consciente, et explique qu'elle puisse être perçue. Par cette *différence de degré dans l'intensité et le rythme*, la pensée peut entrer en contact avec son objet. Un tel rapprochement n'élimine pourtant pas plus la *différence de nature entre l'esprit et la matière* qu'entre le passé et le présent. Même si l'univers matériel retient le tout juste passé dans le présent, il n'en est pas pour autant capable de souvenirs. Nulle représentation du passé ne peut venir de la matière, pas même du cerveau qui « n'occupe jamais que le moment présent » (p. 165). Car il y a un abîme entre un passé immédiatement contenu dans le présent, et un passé qui, s'en étant détaché, se réactualise dans le souvenir. Dans la matière, tout est présent, même le passé immédiat. Tout est actuel. L'esprit seul contient virtuellement l'ensemble du passé vécu, qui n'est pas présent quoiqu'il puisse le devenir. Si la vie mentale déborde toujours l'état cérébral, c'est en raison de cette marge de virtualité. Sans doute est-ce à présent que la conscience se représente tel événement passé. Sans doute actualise-t-elle pour cela un souvenir parfois ancien. Mais il y a loin de l'actuel au virtuel actualisé. Si nous avons conscience de nous représenter le passé, c'est que l'image dans laquelle s'est actualisé le souvenir conserve quelque chose de son origine virtuelle : « le souvenir demeure attaché au passé par ses racines profondes, et si, une fois réalisé, il ne se ressentait pas de sa virtualité originelle, s'il n'était pas, en même temps qu'un état présent, quelque chose qui tranche sur le présent, nous ne le reconnaîtrions jamais pour un souvenir » (p. 148).

On comprend alors mieux comment un tel souvenir peut se distinguer radicalement d'une habitude. L'action habituelle utilise un système moteur que la répétition a fixé dans le corps. Quoique hérités des exercices passés, ces mécanismes existent à présent. Loin d'actualiser une virtualité, l'habitude ne fait que jouer le passé dans des mouvements entièrement actuels. De la même manière, c'est toute la matière qui joue le passé au lieu de s'en souvenir. Comme dans l'habitude, le présent résulte d'un passé qu'il ne cesse de reproduire : « si la matière ne se souvient pas du passé, c'est parce qu'elle répète le passé sans cesse, parce que, soumise à la nécessité, elle déroule une série de moments dont chacun équivaut au précédent et peut s'en déduire. C'est de cette façon que son passé est véritablement donné dans son présent » (p. 250). Le passé est ici donné dans le présent de la même façon que la cause est donnée dans l'effet. Comme il n'y a pas plus dans l'effet que dans la cause, on peut inférer le moment suivant du moment précédent. Le temps est ici inefficace. Tout à l'inverse, lorsque le passé continue d'exister sous forme virtuelle dans la conscience, il y a plus et autre chose dans le présent que dans le passé. L'esprit peut se servir de son expérience pour mieux ajuster son action à la particularité de la situation présente. L'action volontaire ne se borne donc pas à répéter des mouvements appris. Elle les adapte de façon à inaugurer une nouvelle manière d'agir. Au lieu de simplement déclencher un mécanisme corporel tout monté, l'esprit est créateur. Son présent n'est pas déterminé mais seulement instruit par son passé. Le passé n'étant pas cause, mais instrument, il est source de liberté. La différence absolue entre la matière et « le plus humble degré de liberté et de mémoire » vient donc de ce que le passé est *« joué* par la matière » et « *imaginé* par l'esprit » (p. 250).

Effectivement, la perception réelle est riche des multiples souvenirs remémorés qui éclairent le choix de l'action à entreprendre. Sans doute l'esprit se définit-il par la conservation intégrale du passé sous forme virtuelle. Mais pour agir sur la matière, il doit se rendre semblable à elle, donc matérialiser ses souvenirs utiles dans des images qui s'ajoutent à l'image de l'objet perçu. Une telle matérialisation exige l'intervention du cerveau, car c'est lui qui fournit le cadre moteur dans lequel les souvenirs viennent s'insérer. C'est en effet à la faveur des mouvements cérébraux préparant l'action, que les souvenirs de situations analogues sont rappelés. Lorsqu'ils étaient des images perçues, ils se prolongeaient dans les mêmes voies motrices. Le cerveau extrait donc du passé ce qu'il peut jouer sous forme de mouvements, éliminant tous les détails inutiles. C'est parce qu'ils sont les plus difficiles à jouer, à mimer, à symboliser, que les noms propres sont les premiers oubliés dans l'aphasie. Les lésions cérébrales n'affectent pas les souvenirs eux-mêmes, mais le pouvoir de les rendre conscients. Comme dans la perception, la conscience canalisée par le cerveau n'éclaire que ce qui est utile au présent, que ce qui peut se convertir en une action efficace. Lorsque l'activité cérébrale est perturbée, l'esprit peine à actualiser ce qu'il contient en puissance, il a du mal à s'incarner. C'est donc le corps qui est l'artisan de l'union de l'âme et du corps. La déficience de leur relation vient d'une altération de la vie corporelle, et non d'abord d'une altération de la vie mentale. C'est pourquoi *Matière et mémoire* est bien un essai sur la relation *du corps à l'esprit*, qui attribue « au corps *l'unique* fonction d'orienter la mémoire vers le réel et de la relier au présent » (p. 198).

L'EVOLUTION CRÉATRICE (1907)

Dualisme et monisme

Après avoir analysé les rapports de la conscience et du corps dans le moi, Bergson étend sa réflexion aux relations de la conscience et de la matière en général, telles qu'elles se manifestent dans la vie. « Conscience lancée à travers la matière » (p. 183), la vie est une force immatérielle qui traverse, organise et anime la matérialité. Loin de s'enfermer dans les individus particuliers, elle s'en sert comme de simples moyens pour transmettre sa puissance créatrice de génération en génération. Ainsi fait-elle varier continûment les caractères d'une espèce jusqu'à en produire une autre. Sous la discontinuité des mutations apparentes se cache la continuité d'une évolution intérieure. La vie est donc une sorte de courant de conscience qui ne s'arrête jamais et se renouvelle sans cesse. Au-delà même de sa manifestation dans les vivants, elle pénètre l'ensemble de l'univers, elle l'entraîne dans son élan créateur. C'est toute la réalité qui est vivante car traversée par le dynamisme originaire d'une tension qui s'exerce partout. Voilà pourquoi Bergson en fait le principe fondamental, qu'en une occurrence il appelle « Dieu », et qu'il définit comme une « vie incessante » (p. 249).

De la sorte, il résout le dualisme tranché de *Matière et mémoire* dans le monisme de l'élan vital originaire. S'il présentera sa théorie comme une réfutation du monisme (lettre du 20 février 1912 à J. Tonquédec), c'est pour refuser toute homogénéisation du réel. Car il veut maintenir à la fois un *dualisme* strict, fait de différences de nature, et l'*unité* d'un principe absolu dont toute réalité dérive et dépend. Le monisme ne doit pas diluer les différences radicales dans de simples distinctions de degrés. Tout à l'inverse, il lui faut rendre compréhensible la scission de la réalité en deux ordres : psychique et physique, ou spirituel et matériel. Une telle dualité se manifeste continuellement dans *L'évolution créatrice*, par l'opposition de la création et de la répétition, de l'intensif et de l'extensif, de la liberté et de la nécessité, du volontaire et de l'automatique, de la réalité qui se fait et de celle qui se défait, de la tension et de la détente.

Comment toutefois ces deux ordres de réalité peuvent-ils venir d'une source unique ? Comment la dualité peut-elle surgir de l'unité ? C'est ce qu'une approche strictement logique rendrait incompréhensible. Si l'on concevait la conscience et la matière comme deux choses stables, toutes faites, et juxtaposées, elles ne pourraient que s'exclure mutuellement et rendre impossible une origine commune. Monisme et dualisme seraient alors incompatibles. Mais une telle conception émane d'une intelligence logicienne, fixiste et géométrisante, qui manque de la souplesse nécessaire pour saisir le dynamisme de la réalité. Conscience et matière sont en effet moins des choses que des mouvements, moins des substances immuables que des actions, moins du tout fait que du se faisant ou du se défaisant. Ce sont des *tendances*. Quoique antagonistes, elles peuvent se fondre dans un même principe lorsqu'elles sont en germe, avant de se scinder en se développant dans des directions divergentes. Rien ne les empêche de jaillir d'une source commune, et d'être par conséquent constituées de la même substance. « Étoffe de la réalité » (p. 272), la durée est en effet « la réalité fondamentale » (p. 316), ou « la substance même des choses » (p. 39). Toute tendance étant un mouvement, elle est de nature temporelle.

C'est pourquoi Jankélévitch résumait la philosophie de Bergson comme « un monisme de la substance, un dualisme de la tendance » (*Henri Bergson*, P.U.F., 1989, p. 174). Une telle formule pourrait néanmoins laisser penser que conscience et matière sont tout aussi originaires et essentielles, et qu'elles ont une égale dignité ontologique. Or, Bergson ne cesse de caractériser la matière comme une réalité dérivée de la conscience par une sorte d'affaiblissement, de dégradation ou de dégénérescence. De moindre valeur, elle constitue le côté accidentel de l'univers, alors que la conscience en est l'essence. Comment expliquer un tel primat ontologique de la conscience ?

La nature de la tendance

S'il est difficile de l'élucider, c'est que la nature même de la tendance pourrait nous laisser penser que les diverses tendances ont une égale valeur. Concentrant de multiples virtualités, toute tendance est en effet une force explosive qui « se développe en forme de gerbe » (p. 100), c'est-à-dire qui se scinde en mouvements divergents. C'est par un tel processus que la « vie incessante » du principe absolu se divise en une réalité qui tend à se faire dans un effort continuel de création, et une réalité qui tend à se défaire dans un mouvement de relâchement. Car « la vie est tendance » (p. 100). La tendance lui est même si essentielle qu'elle suffit à la définir. Or toute tendance est constituée de deux tendances antagonistes qui se séparent en se développant. Se caractérisant par la dépense d'une énergie d'abord accumulée, la tendance à la création se dédouble à son tour en une propension à emmagasiner l'énergie et en la propension contraire à l'utiliser. Ainsi s'explique la présence de deux règnes chez le vivant. Le végétal fixe l'énergie solaire grâce à la fonction chlorophyllienne, tandis que l'animal qui s'en nourrit dépense cette énergie dans des actions discontinues. L'activité animale s'appuyant sur la connaissance de son milieu, elle se scinde, elle aussi, en deux genres de savoir, l'un intérieur et inconscient, l'autre extérieur et conscient. De là viennent les deux tendances à l'instinct et à l'intelligence qui s'actualisent progressivement dans les séries divergentes des Arthropodes et des Vertébrés. Ainsi la tendance primitive se divise-t-elle en des tendances de plus en plus nombreuses et divergentes, au point que toute la richesse du réel résulte d'une unité originaire et participe de la même substance.

Si tout résulte d'une telle vie originaire, tout n'y est pas néanmoins primitivement contenu. Car, à l'inverse de ce qu'enseignait Aristote, la tendance est d'autant moins un passage de la puissance à l'acte que l'acte ne précède pas la puissance. Dans la conception d'Aristote, nulle création n'est possible. Or la tendance se développe de manière imprévisible, sans but préformé. Elle enferme des forces contraires qui tendent à s'exclure. Parce qu'elle est donc « un équilibre instable de tendances » (p. 99), la vie se déploie dans diverses directions pour produire la variété du réel. Loin de trouver son aboutissement dans un état définitif et stable, la tendance n'en finit jamais de s'actualiser, de sorte que son dynamisme ne cesse pas plus que son développement. Elle se trouve en effet continuellement mêlée à la tendance antagoniste qui subsiste en elle sous forme virtuelle. Leur origine commune les conserve unies jusque dans leur développement divergent, de sorte que l'une contrarie l'autre et l'empêche d'aller au bout d'elle-même. Ainsi y a-t-il dans la conscience une tendance à se matérialiser, c'est-à-dire à se détendre et s'étendre, qui freine son élan et l'empêche d'être pure création. De même, un peu de la tension propre à la conscience hante la matière et contrecarre sa tendance à l'extension. C'est pourquoi elle ne parvient jamais à la pure extension d'un espace homogène : « la matière s'étend dans l'espace sans y être *absolument* étendue » (p. 204). Elle tend à la spatialité sans l'atteindre. L'espace est donc une invention de l'intelligence qui pousse la tendance à son extrême, en faisant abstraction du peu de tension, de durée, de création, qui y demeure. Elle pense la matière comme une substance solide et stable, plutôt que de la voir comme un mouvement continuel et toujours inachevé. En excluant toute tension, elle ignore la tendance.

Une telle abstraction se retrouve dans l'opposition rigide des règnes végétal et animal. L'existence de plantes carnivores comme celle de parasites animaux figés dans l'immobilité, montrent pourtant qu'il y a quelque chose d'animal dans la plante et de végétal dans l'animal. Aucune de ces deux tendances ne peut entièrement s'émanciper de l'autre de manière à se réaliser entièrement. Il en est de même pour la distinction de l'instinct et de l'intelligence. Quoique mues par un instinct très perfectionné, les abeilles sont capables d'inventer de nouvelles manières de nidifier quand la situation l'impose. L'intelligence qui sommeille en elles se réveille alors. Il est heureux également qu'un reste d'instinct subsiste dans l'intelligence. Car c'est lui qui rend possible l'intuition et qui par conséquent nous permet de saisir le dynamisme de la tendance, alors qu'elle reste inaccessible à une intelligence pure.

Il s'ensuit que les différences de nature ne s'appliquent qu'à des tendances antagonistes. Se définissant comme un mouvement, chaque tendance est orientée dans une direction particulière. Elle se distingue radicalement de la tendance adverse qui se dirige dans le sens contraire. Tandis que la matière s'oriente vers la détente, la conscience devient de plus en plus tendue et énergique dans la création des formes vivantes. Alors que les plantes s'ankylosent dans la torpeur de l'immobilité, les animaux sont capables d'actions de plus en plus indéterminées. À la conscience généralement endormie de l'instinct s'oppose la conscience généralement éveillée de l'intelligence qui trouve son plus haut développement dans l'homme. Si elle demeure encore captive des mécanismes corporels chez l'animal, elle parvient à s'en libérer dans la vie humaine.

De telles oppositions n'empêchent pas néanmoins chaque tendance de contenir virtuellement la tendance contraire, de sorte qu'on y trouve des caractères semblables. C'est ainsi par exemple que *toutes* les propriétés de l'animal se rencontrent chez la plante, quoique à un *degré* plus faible. Tout est affaire d'accentuation. Comme l'animal, la plante dépense l'énergie qu'elle a accumulée, mais de manière moins discontinue et moins imprévisible. Sa priorité est d'entretenir son organisme, alors que celle de l'animal est d'agir efficacement, de sorte que c'est cette activité qui, chez lui, commande la reconstitution de l'énergie et non son accumulation qui détermine son utilisation. L'étude philosophique des vivants et, en général, de la réalité, tient compte de ces différences d'accentuation et de priorité. Aux définitions statiques énumérant des caractères fixes ou des états figés, se substituent des définitions dynamiques qui s'ajustent mieux aux processus réels.

Comment toutefois accorder le dualisme radical des tendances à la différence de degré des propriétés ? Comment concilier différence de nature et différence d'accentuation ? Bergson répond à cette question par un théorème qui sous-tend toute sa réflexion : « *de ce qu'on passe par degrés d'une chose à une autre, il ne s'ensuit pas que les deux choses soient de même nature* » (p. 71). Ce n'est pas parce que le rythme de l'univers matériel est *plus* rapide que celui de la conscience humaine que matière et esprit ne se distinguent que par le degré. La *plus* grande discontinuité dans la dépense énergétique n'empêche pas l'animal de se différencier radicalement de la plante. Si l'on s'y trompe souvent, c'est qu'on considère isolément les propriétés, plutôt que de les rattacher à des tendances adverses qui se mêlent l'une à l'autre : « de ce que l'instinct est toujours *plus ou moins* intelligent, on a conclu qu'intelligence et instinct sont de même ordre, qu'il n'y a entre eux qu'une différence de complication » (p. 137). Mais une telle conclusion est fausse. Il s'agit en fait de deux ordres différents de réalité dont l'une contient virtuellement l'autre. C'est ce mélange qui explique la présence des mêmes propriétés diversement accentuées. L'intelligence a beau être *plus* développée chez l'homme car accompagnée d'un système nerveux *plus* perfectionné, cela n'empêche pas la vie d'entrer dans l'humanité par un saut qualitatif. En l'homme seul la conscience réussit à s'émanciper de la matière, de sorte qu'« entre les animaux et lui, il n'y a plus une différence de degré, mais de nature » (p. 183). Puisque les différences d'accentuation résultent de différences d'orientation, c'est par des différences de degré que se manifestent en fait les différences de nature.

A l'inverse d'un monisme qui diluerait la dualité, Bergson pense donc un monisme qui la maintient sans aucunement l'atténuer. Bien plus, c'est l'hétérogénéité même qui rend possible l'unité. Si les parties d'un organisme vivant étaient homogènes, elles ne feraient que se juxtaposer dans l'espace. C'est par l'hétérogénéité de leurs fonctions qu'elles sont complémentaires et parviennent à former un tout organisé et indivisible. Aussi est-ce parce qu'elles sont de nature différente que les tendances antagonistes peuvent se compléter. Elles produisent une réalité unifiée plutôt qu'un agrégat de choses éparses. Il s'ensuit que la réalité se définit moins comme un ensemble de choses, que comme l'antagonisme et la complémentarité de deux actions dirigées en sens contraire. Autant la matière tend à s'étaler et à se disperser en éléments et moments extérieurs, autant la conscience tend à se recueillir afin de mobiliser le passé pour l'avenir.

S'opposent donc en toute réalité une tendance à la création et une tendance à l'inertie, l'une qui s'identifie à l'innovation et à la liberté, l'autre à la répétition et à la nécessité. En agissant sur la matière, l'immense courant de conscience qu'est la vie s'efforce d'en vaincre l'inertie : « une action se fait à travers une action *du même genre* qui se défait » (p. 251). Si elles sont « du même genre » malgré l'opposition de leur direction (et, par conséquent, en dépit de leur différence de nature), c'est qu'elles viennent d'un même principe originaire. Jusque dans leur lutte, leur commune origine les rend solidaires, comme le constate Bergson à la fin de son ouvrage (p. 339 et 342). Par là s'explique également la solidarité de l'âme et du corps, analysée dans *Matière et mémoire*, alors même que la première est irréductible au second. L'interaction des réalités antagonistes requiert un monisme fondamental qui les rapproche tout en maintenant leur différence.

Un vouloir originaire

De quelle nature doit alors être le principe absolu pour se scinder en un mouvement ascendant de tension, et en un mouvement descendant de détente ? Ce qui peut tout aussi bien se tendre que se détendre, c'est la *volonté*. Aussi Bergson caractérise-t-il l'absolu comme un vouloir qui crée continuellement toute réalité. Mais il faut se garder de le penser sur le modèle du désir humain, c'est-à-dire comme un effort pour obtenir un objet dont on s'éprouve privé. Bien loin de tendre à une fin prédéterminée, le vouloir universel ne cherche qu'à développer les tendances qu'il contient en germe. Il ne s'efforce pas d'obtenir quelque objet extérieur, mais seulement d'accomplir sa nature. Son dynamisme s'explique moins par l'attraction que l'avenir exercerait sur le présent, qu'à l'inverse par la poussée du passé vers l'avenir. De là vient l'image récurrente de l'élan, qui suggère la force d'impulsion ou de propulsion du principe originaire.

Sans doute pourrait-on s'étonner de ce que Bergson définit la conscience par le vouloir après l'avoir définie par la mémoire dans son ouvrage précédent. La tension vers l'avenir semblerait remplacer la conservation du passé, de manière à tourner la conscience dans une direction temporelle opposée. À la survivance du passé dans le présent se substituerait la création d'un avenir imprévisible. Mais c'est toutefois se tromper sur la nature de la création que de croire qu'il lui faut rompre absolument avec le passé. Tout à l'inverse, *la nouveauté jaillit d'un passé si concentré qu'il en devient une force explosive*. L'analyse du pouvoir créateur dans l'acte libre humain l'a montré : il consiste « à ramasser notre passé pour le pousser, compact et indivisé, dans un présent qu'il créera en s'y introduisant » (p. 201). Pas plus que la création n'exige l'anéantissement du passé, pas plus la liberté ne requiert-elle de s'en affranchir. Car exclure le passé, c'est au contraire être déterminé par lui. Si l'état présent de la matière résulte de son état précédent, c'est précisément parce que le passé ne peut pas s'intégrer dans le présent, s'y incorporer en agissant sur lui. Prise dans un présent indéfiniment recommencé, la matière est vouée à la nécessité. N'est libre et créatrice qu'une volonté capable de concentrer sa durée et ses virtualités dans une action qui l'exprime. Bien plus ramassée qu'en l'homme, la volonté universelle est « un absolu qui *agit librement*, qui *dure éminemment* » (p. 277).

Plutôt force et impulsion que désir et attraction, une telle volonté n'en est pas moins limitée. Infinie, elle créerait immédiatement toute la réalité. Mais sa finitude est comme une résistance intérieure qui, en contraignant l'effort à se relâcher, retarde l'actualisation du virtuel. S'ensuit cette tendance à s'étendre et à s'éparpiller qui définit la matière. La volonté peut toutefois se reprendre, en retrouvant et en intensifiant sa tension initiale, pour combattre ce mouvement descendant. L'élan originaire porte donc en lui à la fois la tendance à se détendre et la tendance à se continuer, à s'amplifier, à se tendre toujours davantage. Aussi lui arrive-t-il de s'interrompre en créant la matière, ou de s'exalter en créant des formes vivantes toujours nouvelles.

Un dualisme dissymétrique

Quoique inséparables, ces deux tendances ne peuvent donc pas avoir la même valeur et la même dignité ontologique. L'une va dans le sens du vouloir universel tandis que l'autre prend la direction contraire. Produite par l'inversion du mouvement ou de la tendance originaire, la matière n'a de réalité que dérivée ou secondaire. C'est la conscience qui est première. C'est elle qui constitue aussi bien l'essence de toutes choses que l'essence du moi. Il est en effet significatif que Bergson définisse le moi par l'âme dans sa conférence d'avril 1912, après avoir pourtant soutenu que chacun de nous « *est* un corps » plutôt qu'il n'*a* un corps (ES, p. 30). Ame et corps sont constitutifs de notre être. L'âme seule néanmoins le définit essentiellement. De même, la réalité dans son ensemble est faite de matière et de conscience, mais la conscience en est seule le fonds essentiel. Si la durée est la substance de toutes choses, c'est qu'elles sont prises dans un courant universel de conscience. Bien que conscience et matière soient deux tendances adverses et complémentaires, elles n'en sont donc pas moins inégales. *La conscience comme tendance prolonge cette « supraconscience »* (EC, p. 246 et 261) *qu'est le principe originaire, tandis que la matière se retourne contre elle*. La tension précède et conditionne la détente, sans aucunement dépendre d'elle. « Pur vouloir » (p. 239), le principe originaire se définit comme une vie qui n'a rien de matériel.

On comprend alors comment la matière peut résulter d'un affaiblissement ou d'une « déficience du vouloir » (p. 210). Lorsque l'attention, qui est une tension de la volonté, se relâche, le sens d'un poème se dissout dans la matérialité des mots. De la même façon, la réalité se disperse en éléments matériels à mesure que l'effort originaire s'épuise. « Tendance toute négative » (p. 219), la matière résulte d'une « diminution de réalité positive » (p. 211). Il ne faut toutefois pas comprendre cette négation, cette diminution et ce déficit comme une privation de réalité. Ce serait penser que du néant s'immisce dans l'être, sous la forme d'un défaut ou d'une absence. C'est ainsi que dans la théorie plotinienne de l'émanation, l'Un déborde de lui-même pour produire l'Intelligence, puis les âmes, et enfin leurs images dans les corps. Ultime exténuation du principe, la matière n'a ici aucune réalité en elle-même, puisqu'elle se borne à n'être qu'un reflet. Au contraire, bien que définissant la matière comme une dégradation de la conscience originaire, Bergson ne lui ôte aucune réalité. La négation ne consiste que dans une inversion du sens et non dans un anéantissement. À la réalité créatrice se substitue une autre réalité, plus détendue. C'est pourquoi *l'interruption* de l'élan vital est une simple *inversion* du mouvement. Si la matière était dépourvue de réalité, elle ne résisterait aucunement à l'élan créateur, et on n'assisterait pas à ces échecs ou à ces impasses qui retardent l'évolution des formes vivantes. Nul effort ne serait requis pour triompher de l'inertie. Non seulement les faits contredisent une telle déréalisation de la matière, mais on peut même y soupçonner un défaut de raisonnement. Car, en distinguant des degrés dans l'être, cette conception construit une sorte d'échelle allant de la plénitude au néant. Or il n'y a de néant que pour un esprit qui, déçu de ne pas trouver la chose espérée, projette son sentiment intérieur de privation sur la réalité extérieure. Simple projection anthropomorphique, le néant se réduit à n'être qu'un pseudo-concept.

La « diminution de réalité positive » ne correspond donc pas à un amoindrissement de l'être, mais seulement à un affaiblissement de la tension et, par conséquent, de la valeur. Tension, création, liberté, voilà les critères de valeur. Une tendance importe d'autant plus qu'elle est plus créatrice, et crée d'autant plus qu'elle prolonge mieux l'élan originaire. C'est déjà vrai pour le moi, dont la personnalité est certes riche de multiples tendances virtuelles, mais dont toutes n'ex-priment pas aussi bien « la courbure d'âme originelle » (p. 5). Le grand romancier trouve et développe la tendance domi-nante de son personnage, sans pour autant l'isoler des ten-dances secondaires restées en germe. C'est ce qui fait l'unité et la richesse d'un caractère.

On peut présumer qu'il en est de même pour la supraconscience dont découle toute réalité. Elle s'exprime et se réalise mieux dans la tendance à créer des organismes vivants, que dans la tendance à former des corps inertes. Chez les vivants, la tendance à l'animalité, donc à la mobilité et à la dépense imprévisible d'énergie, l'emporte sur la torpeur des plantes. Dans les deux grandes séries animales, Arthropodes et

Vertébrés, c'est la seconde qui est privilégiée, car l'intelligence réveille la conscience qui sommeille dans l'instinct. Se hissant au-dessus de l'animalité par son pouvoir créateur, l'homme satisfait d'avantage l'exigence originaire. Cette tendance à l'humanité, elle-même jamais entièrement achevée, se présente donc comme « le but » (p. 265) ou la raison d'être de l'évolution. Bien que ne répondant à aucun projet ni à aucun plan prédéterminé, elle manifeste le triomphe de la conscience sur la matière. Propulsée par le vouloir initial, la vie naturelle s'achemine vers la vie spirituelle. L'absolu se retrouve, quoique imparfaitement, dans la conscience humaine.

Le dualisme de la tendance ne doit donc pas être pensé en termes de symétrie et d'équivalence. Dans l'univers comme dans le moi, la conscience déborde infiniment la matérialité qu'elle anime, et finit par triompher de sa résistance. Une telle supériorité s'explique par le fait que la conscience est à la fois une tendance particulière et le principe fondamental. Le monisme qui s'ensuit ne consiste donc pas en l'unité d'un principe qui serait constitué tout aussi essentiellement de matérialité que de spiritualité. Mais il prend la forme d'un principe spirituel, animé d'une vie graciée de toute matière, qui se nie dans la tendance à la matérialité et s'affirme dans la tendance à « une action toujours grandissante » sur elle (p. 129). Ce primat de l'esprit, que Bergson n'avait cessé de constater dans ses ouvrages précédents, trouve ici son fondement ontologique. *Matière et mémoire* avait montré que, pour comprendre un interlocuteur, notre pensée va du sens à la matérialité des mots et non l'inverse. Le même processus se retrouve dans l'acte libre étudié dans *l'Essai*. Ce n'est qu'après un long mûrissement intérieur que l'énergie se déploie dans l'extériorité de l'action. L'analyse de la création artistique comme celle de l'évolution vitale confirment ici la primauté et l'antériorité du spirituel sur le matériel. De même que l'inspiration précède et engendre l'œuvre, la conscience inhérente à la vie produit les formes vivantes : elle est « le principe moteur de l'évolution » (p. 183). Toujours cause et jamais simple effet, l'esprit est essentiellement volonté et, par conséquent, liberté. On comprend alors pourquoi la matière ne peut pas être aussi originaire que l'esprit, mais seulement dériver de lui. Taillée dans son étoffe, et pourtant se retournant contre lui, elle se définit comme du « *psychique inverti* » (p. 203). Même ce qui est le plus contraire à la conscience est donc d'essence psychologique.

Mais comment l'immatériel peut-il être la substance de la matière ? C'est ce que l'expérience du rêve nous fait pressentir. En relâchant son attention à la vie, la conscience se matérialise en un flux décousu d'images évanescentes. Au lieu de concentrer son passé pour le faire agir et donc vivre dans le présent, elle le pulvérise en souvenirs inertes. Il suffit donc au moi de se distraire de lui-même pour s'étendre. Tout à l'inverse, il se revivifie lorsque, renouant avec ses tendances profondes, il va dans le sens de ses dispositions originelles. On peut présumer qu'un tel pouvoir de se matérialiser autant que de se spiritualiser se retrouve dans la supra conscience originaire. Simplement esquissé dans le rêve, le processus d'extension est ici poussé jusqu'à produire une matière extérieure. Il suffit pour cela que le vouloir universel se distraie de sa tâche et se détourne de son « exigence de création » (p. 252 et 262). La matière est donc comme un rêve de Dieu. La durée s'y détend jusqu'à s'étaler dans un présent répétitif et sans cesse renaissant. Sans mémoire ni volonté, la matière peut alors se définir, de la même manière que chez Leibniz, comme un

« esprit instantané ». Ce n'est pas un hasard si Bergson cite cette formule leibnizienne dans sa conférence de 1911 intitulée *La conscience et la vie* (ES, p. 5). Esprit, volonté, durée, voilà la substance de la réalité.

Plutôt que de se distraire, la conscience originaire peut toutefois se ressaisir, reprendre et même intensifier son effort créateur. Mais elle se heurte alors à la matière qu'elle a elle-même produite. Aux limites intérieures de sa force s'ajoute cet obstacle extérieur qui lui résiste continuellement. L'évolution de la vie n'est que l'histoire de la lutte incessante entre les deux tendances primitives. Impuissante à se maintenir, la force se perd souvent dans les formes matérielles qu'elle a organisées. De même que « la lettre tue l'esprit » (EC p. 128), la forme tend à arrêter et à emprisonner l'élan. Il lui faut alors un regain de vigueur pour briser cette entrave et créer une nouvelle forme vivante. Lieu de rencontre entre la conscience et la matière, le vivant est un « *modus vivendi* » (p. 250), c'est-à-dire un compromis précaire ou un équilibre instable entre les tendances opposées.

Philosophie et biologie

En soutenant que toute réalité est d'essence psychologique, Bergson ne risque-t-il pas toutefois de verser dans cet anthropomorphisme qu'il reprochait aux penseurs du néant ? Comme certains de ses détracteurs l'ont soutenu, ne se fourvoie-t-il pas dans une sorte de psychologisme où toute la réalité est pensée à l'image du moi ? Il serait alors préférable de revenir à une conception scientifique de l'évolution, dont on pourrait espérer une objectivité supérieure. Ce n'est pourtant là qu'une illusion. Bien que s'appuyant sur l'expérience intérieure comme dans ses précédents ouvrages, Bergson ne projette aucunement la vie subjective sur la réalité extérieure. Tout à l'inverse, alors même qu'ils n'étudient que les faits extérieurs, ce sont plutôt les biologistes qui tendent à rapporter les processus naturels à des opérations humaines.

Qu'elles soient finalistes ou strictement mécanistes, les théories scientifiques appliquent en effet un modèle technicien. Celui-ci apparaît avec évidence dans le finalisme qui, comme la fabrication, coordonne les moyens aux fins visées. Mais il est aussi subrepticement présent dans le mécanisme. A la manière d'un artisan qui découpe le matériau pour construire un objet, l'intelligence décompose l'évolution avant d'en reconstituer l'ensemble. C'est comme si la vie se développait en additionnant des variations mécaniquement produites. Mais l'évolution ne se fait pas à coup de changements ponctuels, comme la maison se fait avec des briques. Dans la fabrication, les éléments matériels sont ajoutés progressivement jusqu'à obtenir un tout. Absolument indivisible au contraire, le courant de conscience traverse la matière. Il la travaille, l'organise, la transforme de l'intérieur. Semblable à une main pénétrant la limaille de fer, il lui donne à tout moment une forme unifiée et achevée. La variation vient par conséquent d'une force créatrice qui, tout en informant la matière du dedans, l'emporte dans la direction de sa tendance. C'est ainsi que l'addition de variations accidentelles ne pourrait aucunement rendre compte de la formation de l'œil chez les animaux. Celle-ci ne peut résulter que d'une « marche à la vision » (p. 97) accompagnant la tendance animale à la mobilité. L'œil est plus ou moins perfectionné selon les espèces, mais toujours organisé et complet. Il faudrait un miracle pour qu'une série d'accidents produisît une telle unité. C'est pourquoi les théories les plus strictement mécanistes supposent la finalité qu'elles voudraient pourtant exclure. Seule la visée d'une fin pourrait en effet expliquer la convergence des variations successives, si celles-ci étaient produites mécaniquement. Là encore s'impose un modèle technicien et donc anthropomorphique.

Si, comme la biologie vient de nous en fournir l'exemple, l'intelligence a tendance à tout penser sur le mode de la technique, c'est qu'elle est originairement une faculté fabricatrice. Tout entière tournée vers la matière brute qu'elle façonne selon ses fins, elle est naturellement inapte à comprendre la vie. Il faut pour cela recourir à une autre faculté, que Bergson nomme « intuition », car elle nous met en contact direct avec la force créatrice. Non pas moulée sur la matière mais sur la vie, elle s'apparente à l'instinct. Alors que l'intelligence appréhende du dehors les rapports entre les choses, l'instinct saisit du dedans, par sympathie, les choses elles-mêmes. Loin d'être comme elle séparé de son objet, il coïncide avec lui. Et pourtant, c'est la tendance à l'intelligence qui a produit l'espèce humaine et qui accomplit davantage l'élan vital. Paradoxalement, la vie s'exprime mieux dans cette faculté qui se détourne d'elle que dans l'instinct qui va dans son sens. Un tel paradoxe s'explique par le caractère inconscient et limité de la connaissance instinctive, s'opposant au caractère conscient et en droit illimité de la connaissance intellectuelle. Bien plus, l'intelligence a l'avantage de pouvoir s'adapter à la matière pour mieux l'adapter à ses fins. Faculté de connaître des rapports et non des choses particulières, elle peut appliquer ses formes à toute la matière de manière à accroître indéfiniment sa maîtrise de la nature. Par une sorte de ruse, la vie se modèle sur la matière pour en tirer profit et s'en libérer.

La compréhension de ce qu'est la vie ne peut donc pas plus résulter du seul exercice de l'intelligence que d'un simple retour à l'instinct. Elle requiert plutôt que l'intelligence éclaire et élargisse l'instinct pour le transformer en une véritable intuition philosophique. L'intuition se définit alors « comme un instinct devenu désintéressé, conscient de lui-même, capable de réfléchir sur son objet et de l'élargir indéfiniment » (p. 178). Comme toute tendance, l'intelligence contient sa tendance antagoniste, et ce n'est que par son actualisation qu'une intuition philosophique devient possible. Au lieu d'exclure l'instinct, elle doit se l'adjoindre, collaborer avec lui. Sinon, elle impose à la vie ses formes qui sont celles de la matière brute, et ses schémas qui sont ceux de la technique. En expliquant les phénomènes vitaux par les lois physico-chimiques, la science réduit le vivant à de l'inerte. Elle n'en a qu'une connaissance extérieure, partielle, et finalement symbolique : ce genre de connaissance « symbolise le réel et le transpose en humain plutôt qu'il ne l'exprime » (p. 342). Il appartient donc à un second genre de connaissance, la métaphysique, d'avoir de la vie une vue intérieure et globale.

Sans doute la science est-elle nécessaire pour étudier précisément la complexité des structures. Mais la philosophie renoue avec l'unité indivisible du courant de vie qui, se transmettant de génération en génération, fait de l'individu un simple lieu de passage. Il n'y a de philosophie que du simple, et de science que du complexe. Ce que la philosophie perd en précision, elle le gagne en pouvoir de compréhension. Elle saisit l'essence même de la vie, sa vitalité, qui consiste dans une force immatérielle plutôt que dans la forme matérielle qu'elle produit. Cette force se trouve dans le moi comme en toute réalité. On comprend donc que l'expérience intérieure nous fasse coïncider avec l'élan vital, alors qu'une pure expérience extérieure nous en détourne. Voie privilégiée pour connaître le fonds essentiel de la réalité, elle nous révèle notre parenté avec l'absolu : « *comme nous*, mais infiniment plus concentré et plus ramassé sur lui-même, il dure » (p. 298).

Sa force créatrice, « nous l'expérimentons en nous » (p. 249), elle nous est familière et non pas extérieure, étrangère et énigmatique.

Rien n'est par conséquent moins anthropomorphique que la connaissance intuitive de la vie. Réfléchissant sur son propre vouloir, notre conscience s'ouvre au vouloir universel dont il est une manifestation. Ainsi s'insère-t-elle dans le mouvement ascendant de la réalité, tandis que l'intelligence se dirige dans le sens inverse. Comme le principe originaire, notre conscience se dédouble en une tendance à l'extension et à la spatialisation, et une tendance à la tension et au recueillement. Au dualisme ontologique correspond la dualité des genres de connaissance. La division de notre faculté de connaître répond à la scission des ordres dans la réalité. À condition de s'en tenir à l'objet pour lequel elle est faite, chaque faculté est donc capable de connaître la réalité telle qu'elle est, de manière absolue et non pas relative. Il n'en reste pas moins que, dans notre conscience comme dans l'ensemble du réel, une tendance exprime mieux l'essence du vouloir. Alors que l'intelligence résulte du même processus d'inversion qui a créé la matière, « l'intuition est l'esprit même » (p. 268). Dans l'une, l'esprit se distrait de lui-même comme il le fait aussi dans le rêve. Dans l'autre, il se replace dans le sens de son vouloir, c'est-à-dire dans sa « direction naturelle » (p. 224). Notre conscience ne fait que reproduire en petit ce que l'absolu crée en grand. C'est donc par une sorte de dilatation que l'intuition passe de la connaissance du moi à celle du tout, et non par une projection des caractères subjectifs sur une réalité étrangère. Elle y découvre que l'esprit est l'unique substance, qu'il tend à se matérialiser comme à se spiritualiser, à se nier comme à s'affirmer, à s'inverser comme à s'intensifier. *Parce que la substance est pur vouloir, son monisme se manifeste par un dualisme dissymétrique des tendances.*

LES DEUX SOURCES DE LA MORALE ET DE LA RELIGION (1932)

Le sens de la vie

L'Evolution créatrice avait fait de la vie une lutte incessante entre deux tendances opposées, l'une à la novation, au changement, à la création, l'autre à l'inertie et à la perpétuation. Ces deux tendances étant d'inégale valeur, le sens général de la vie ne peut consister que dans le triomphe progressif de la première sur la seconde. L'évolution des espèces fait effectivement apparaître un comportement de plus en plus indéterminé et imprévisible, jusqu'à la liberté humaine. Pourtant, la force créatrice originaire étant limitée, elle ne peut pas triompher entièrement de la matière qui lui résiste. L'humanité elle-même se définit comme une espèce qui, comme les autres, marque un arrêt de l'élan créateur, un « stationnement collectif » (DS, p. 332). Limité, le succès de la vie est en même temps un échec. Tout l'enjeu est ici de montrer que les hommes peuvent reprendre et continuer l'effort créateur de la vie, afin de surmonter cet échec. En cela consiste le sens de la vie humaine, sa plus haute destination. Il s'agit de créer une nouvelle manière de vivre, plus intense, plus dynamique, plus créatrice, qui exalte la vitalité même de la vie de manière à accomplir son essence. Au lieu de considérer l'espèce humaine comme l'œuvre ultime par laquelle la vie renoncerait à lutter contre la matière, notre tâche est au contraire de nous en libérer autant que possible pour entrer dans une nouvelle humanité.

Le problème se concentre donc sur la manière dont nous devons conduire notre vie pour lui donner sens et accomplir au mieux sa destination. C'est pourquoi Bergson étudie ici la morale et la religion, qui sont « essentiellement action » (p. 215). Malgré l'extrême variété de leurs contenus et de leurs manifestations, elles sont universelles et donc indissociables de l'intelligence, caractère essentiel de l'espèce humaine. Et pourtant, elles ne sont pas de nature rationnelle. La morale prescrit en général des règles qu'il faut suivre sans discuter, car le propre du devoir est de s'imposer immédiatement et non de se fonder sur des raisons : tu dois car tu dois. L'absence de raison est encore supérieure dans les croyances religieuses dont certaines sont si absurdes que c'en est « humiliant pour l'intelligence humaine » (p. 105). Une telle intrusion de l'irrationnel dans l'intelligence ne peut s'expliquer que s'il provient d'une origine extérieure à elle. La recherche des sources et des fonctions de la morale et de la religion permettra de comprendre comment un être intelligent peut se laisser gouverner par de telles règles et de telles croyances, et de déterminer s'il est possible de les remplacer par un sentiment moral et religieux qui régénère l'humanité.

Les dangers de l'intelligence

Activité essentiellement fabricatrice, l'intelligence se détache de l'immédiat pour articuler les moyens présents aux fins à venir. C'est ainsi qu'elle recherche consciemment et délibérément l'utile. Parce qu'elle requiert initiative et choix individuel, elle tourne chacun vers son propre intérêt, elle le pousse à travailler pour lui plutôt que pour la collectivité. À la différence de l'instinct qui fait immédiatement et aveuglément agir l'abeille pour l'ensemble de la ruche, « l'intelligence conseille d'abord l'égoïsme » (p. 126). Un tel isolement des individus représente toutefois un danger pour eux et, par conséquent, pour la survie de l'espèce humaine. Car l'homme est fait pour vivre en société, comme en témoignent les troubles psychiques des marginaux. La société s'immisce même en chacun de nous jusqu'à former un moi social qui se mêle au moi profond et personnel. La sociabilité est donc un caractère spécifique tout aussi essentiel que l'intelligence, alors même que celle-ci lui fait obstacle. Morale et religion ont pour fonction de lutter contre l'individualisme spontané de l'intelligence, en insérant l'individu dans la société et en le subordonnant à elle.

Mais ce n'est pas là le seul danger de l'intelligence. Nous tournant vers l'avenir, elle nous fait prendre conscience des risques liés à notre entreprise et de l'incertitude du résultat. La crainte de l'échec nous dissuade d'agir. Ce découragement est renforcé par la conscience déprimante de la mort. Or l'action, qui suppose la foi en l'avenir, est une nécessité vitale. Le rôle de la morale de la religion est donc de nous rassurer et de nous donner confiance, pour éviter l'inactivité tout aussi dangereuse pour l'individu que pour la société.

Loin de se surajouter accidentellement à l'intelligence, morale et religion sont donc nécessaires pour éviter ses excès. Elles la contrôlent, la limitent, la régulent, afin de neutraliser ses représentations décourageantes ou dissolvantes. Ce processus apparaît clairement dans la religion statique, où la faculté fabulatrice imagine des puissances favorables ou des divinités protectrices qui contrebalancent la crainte de l'avenir. Sans doute s'agit-il de fictions qui, se développant en croyances souvent aberrantes, devraient faire honte à l'intelligence. Mais leur nécessité vitale explique qu'elles aient pu être acceptées malgré leur absurdité, y compris par les plus grands esprits. Non seulement de telles superstitions ne peuvent se manifester que chez un être intelligent, mais « un être essentiellement intelligent est naturellement [donc spontanément et nécessairement] superstitieux » (p. 113).

On pourrait toutefois se demander pourquoi l'intelligence n'opposerait pas à ses représentations dangereuses des représentations rationnelles plutôt qu'irrationnelles. Il semblerait qu'elles auraient une force supérieure pour en triompher et satisfaire les intérêts vitaux. Pourtant, c'est tout le contraire qui en résulterait. Réduite à ses seuls moyens rationnels, l'intelligence serait impuissante à combattre ses propres excès. C'est ainsi que les prévisions des sciences de la nature ne suffisent pas à lutter contre le découragement qui nous détourne d'agir. Si les croyances persistent, c'est qu'elles nous rassurent mieux que n'importe quelle représentation intellectuelle : « croyance signifie essentiellement confiance » (p. 159). Loin de se réduire à n'être que de simples idées ou images, elles se convertissent immédiatement en actions. Jouées plutôt que pensées, elles sont « idéo-motrices » (p. 223). Elles mobilisent la volonté, alors que les représentations intellectuelles n'ont pas assez de force pour l'ébranler. Une telle impuissance explique également l'échec des morales intellectualistes. Si rationnelle qu'elle soit, aucune science morale ne suffit à vaincre l'égoïsme. Il est impossible par exemple de prouver que l'individu travaille à son bien quand il travaille au bien commun, de sorte que là résiderait son intérêt bien compris. Car dans beaucoup de cas, intérêt particulier et intérêt général se contredisent. Plus généralement, toute idée morale peut être acceptée ou refusée, et on peut toujours opposer des raisons aux raisons alléguées. Et même si une conception l'emportait sur les autres, elle pourrait certes convaincre l'intelligence, mais nullement mouvoir la volonté, la décider à agir d'une manière déterminée.

*La première source de la morale et de la religion :
l'instinct*

Il s'agit par conséquent de déterminer *d'où vient cette force qui agit sur la volonté* et gouverne l'action. Au-delà de la diversité des règles morales selon les sociétés, c'est toujours sous la même forme du devoir qu'elles se manifestent. Le devoir se définissant comme ce à quoi on est obligé, la question consiste à savoir quelle force donne aux règles leur caractère obligatoire et impérieux, jusqu'à en faire des commandements auxquels on obéit. Le problème fondamental porte moins sur le contenu des devoirs que sur leur forme prescriptive, de façon à comprendre « comment une morale peut *avoir prise* sur les âmes » (p. 64). Il n'y a en effet d'obligation que pour un être libre et intelligent, mais qui, en même temps, limite sa liberté en se représentant ce qu'il doit faire. Une telle limitation ne peut pas venir de la seule intelligence, sans force contre les passions ou les intérêts. L'expérience nous apprend qu'elle vient de la société, qui fait pression sur les individus pour les contraindre à se subordonner aux règles communes. Par l'intermédiaire des parents ou des maîtres, cette pression sociale s'exerce sur les enfants naturellement indisciplinés. L'éducation est une sorte de dressage dont le but est l'intériorisation, l'assimilation, l'incorporation des règles qui deviennent alors des habitudes. Quand l'individu ainsi discipliné fait machinalement son devoir, il ne sent plus la pression de la société. À la force sociale s'est substituée la force de l'habitude. Le sentiment de la contrainte renaît seulement lorsque des intérêts puissants ou des passions intenses se heurtent à la morale commune, et qu'il nous faut résister à ces résistances intérieures. Contrairement aux analyses kantiennes, le devoir est donc loin d'exiger une lutte continuelle contre les penchants spontanés. L'habitude nous dispose tellement à le remplir qu'on lui obéit automatiquement et inconsciemment dans la plupart des cas. S'il ne fallait compter que sur le respect suscité par la représentation de la loi morale, nul n'agirait jamais moralement. Car le sentiment né d'une représentation intellectuelle ne peut suffire à entraîner la volonté. *La morale s'enracine donc dans des forces ni intellectuelles ni même morales* : la société comme force extérieure, l'habitude comme force intérieure.

Mais d'où vient que société et habitude exercent une telle force sur notre volonté ? La liaison des règles morales en un tout cohérent accroît le caractère impératif de chacune. De même qu'obéir à une règle c'est finalement obéir à toutes, une habitude particulière se renforce des autres, se confond dans la même habitude fondamentale de faire ce que la société attend de nous. Encore faut-il toutefois être prédisposé à contracter une telle habitude. Quoique naturellement indiscipliné, l'enfant est mu par « un instinct de discipline » (p. 307) qui le pousse à se socialiser, à rendre son comportement semblable à celui des autres. Condition de toute éducation possible, un tel instinct accompagne nécessairement « *l'instinct social* » (p. 27) *dans lequel Bergson voit finalement la première source de la morale.* Sans doute l'instinct social est-il présent aussi chez beaucoup d'insectes sans pour autant être lié à un instinct de discipline. Mais celui-ci est inutile lorsque des différences anatomiques prédéterminent les rôles dans la collectivité, et lorsque chaque individu sait immédiatement et inconsciemment quelle est sa tâche. Ici, l'instinct s'est actualisé dans sa forme la plus perfectionnée. Tout à l'inverse, l'espèce humaine a développé la tendance à l'intelligence. L'instinct n'y subsiste que comme un résidu, un reste, une frange indistincte : il est « virtuel » (p. 23). Au lieu de soumettre les individus à une organisation sociale entièrement déterminée, il pousse les hommes à établir des règles conventionnelles auxquelles tous les membres de la collectivité devront obéir. Acquises et non innées, ces règles ne peuvent être apprises que par des êtres à la fois indisciplinés et disposés à la discipline.

C'est donc la force de l'instinct social qui explique le caractère impérieux des prescriptions morales, de sorte que « ce qu'il y a de proprement obligatoire dans l'obligation ne vient pas de l'intelligence » (p. 95). De même, la « force exceptionnelle » (p. 208) des croyances religieuses vient d'un instinct particulier, que Bergson appelle « instinct de fabulation » (p. 204), qui, comme l'instinct de discipline, accompagne l'instinct social dans l'homme. En imaginant des divinités qui jugent et punissent, la religion renforce encore l'obligation morale et donc la cohésion de la collectivité. Bien plus, elle unit concrètement les consciences par de communes croyances qui accroissent le sentiment social. Chaque tribu s'identifie à son totem, chaque cité a son dieu. Nécessaire à la distinction des sociétés, la disparité des croyances s'explique là encore par le caractère virtuel et indéterminé de l'instinct. Loin de produire des images prédéterminées, il donne le pouvoir d'inventer des fictions qu'on prend pour la réalité dans une sorte d'« hallucination naissante » (p. 112). C'est ainsi, lors d'événements dramatiques, que le superstitieux croit *voir* agir des puissances surnaturelles qu'il ne fait qu'*imaginer*. Une semblable hallucination se retrouve chez le lecteur de romans qui pleure comme si l'histoire et les personnages étaient réels. Mais alors qu'il est « volontaire » (p. 206) dans l'expérience esthétique, ce type d'hallucination est involontaire dans la religion ou la superstition. L'irréel y est d'autant plus pris pour le réel que la croyance est partagée et qu'elle s'extériorise dans un culte collectif. Répétant des gestes codifiés et des formules toutes faites, les individus s'habituent à invoquer des divinités et à croire en leur existence. Comme le montre l'omniprésence des rites religieux dans les sociétés, l'instinct dispose l'homme à contracter des habitudes qui renforcent les liens sociaux. L'instinct se prolonge en une habitude qui imite son caractère inconscient et automatique.

On voit ainsi que seule une force extérieure à l'intelligence peut la pousser à produire des fictions rassurantes qui contrecarrent ses pensées déprimantes. C'est en son cœur que l'instinct agit, par une sorte de ruse de la nature, pour protéger les intérêts de l'espèce : « la pression de l'instinct a fait surgir, *au sein même* de l'intelligence, cette forme d'imagination qu'est la fonction fabulatrice » (p. 172). Pour que l'intelligence puisse sécréter son propre antidote, l'instinct s'y mêle si intimement que Bergson utilise la formule extrêmement paradoxale d'« instinct intellectuel » (p. 169). Il n'en reste pas moins que l'intelligence humaine dépend ici de l'infra-intellectuel, qui la conduit non seulement à des absurdités mais aussi à des crimes. Pour plaire aux divinités, on s'est livré à des sacrifices humains. Au nom du dieu protecteur, on est entré en guerre contre des sociétés rivales. La morale sociale elle-même fait du courage au combat la suprême vertu, exalte l'héroïsme de ceux qui défendent la société en tuant ses ennemis. Elle ne fait que traduire ainsi un « instinct guerrier » (p. 303) tout aussi originaire que l'instinct social, et qui lui est lié. Comment pourrait-on trouver dans une telle morale et une telle religion la destination ultime de l'humanité ? Tout à l'inverse, en considérant la barbarie qui en a souvent résulté, « on serait tenté de prendre l'humanité en dégoût » (p. 142).

On ne peut pas en effet compter sur le progrès de la civilisation pour libérer l'intelligence de l'instinct. Déterminée par la nécessité vitale, la structure de l'intelligence est immuable. Il ne faut donc pas voir dans la morale et la religion une pensée archaïque que la rationalité scientifique supplanterait. La culture ne peut pas plus détruire la nature que l'intelligence ne peut détruire l'instinct. Entre les sociétés dites « primitives » et les nôtres, il n'y a qu'une différence de degré dans le nombre et la complication des acquis de la culture. Sans doute la nature y transparaît-elle davantage, mais elle est également présente dans les sociétés les plus avancées. En témoigne la survivance des meurtres politiques et des massacres « dont la nature est responsable autant que l'homme » (p. 297). Si ces tueries ne dépendent pas entièrement de la volonté humaine mais sont, pour une part irréductible, l'effet d'un instinct indestructible et d'une nature indéracinable, comment pourrait-on les éviter ? Il semblerait que l'humanité soit à jamais assujettie à la nature « massacreuse des individus » (p. 297).

La deuxième source de la morale et de la religion : l'émotion

Un fait néanmoins vient nous rendre espoir. C'est l'action pacifique de certains individus qui représentent « ce qu'il y a de meilleur dans l'humanité » (p. 85). Par un « bond hors de la nature » (p. 236), ils se sont affranchis de la vie corporelle. Ces génies pratiques possèdent en effet une disposition innée qui en fait des exceptions dans l'espèce humaine. La nature leur a donné le pouvoir étonnant et paradoxal d'aller contre ellemême. À défaut de détruire l'instinct, ils l'ont métamorphosé en intuition. *L'Evolution créatrice* avait montré comment l'intelligence peut le dilater pour le rendre autant conscient que désintéressé. Dans *Les Deux sources*, Bergson étudie sur les grandes figures de l'action cette transmutation de l'infra-intellectuel en supra-intellectuel, qui anime l'intelligence d'une force qui lui est supérieure au lieu de la laisser subir la pression d'une force inférieure.

Il en résulte une « tension extrême et prolongée de l'intelligence et de la volonté » (p. 259), qui ne s'accompagne pourtant d'aucun sentiment de contrainte. Quelles que soient les difficultés, les efforts en effet « viennent *tout seuls*, ils se déploient *d'eux-mêmes* » (p. 246). Alors que la morale sociale avait pour fonction de vaincre ce qui résistait au devoir, toute résistance a ici été dissoute. Devenue indifférente tant à l'inté-rêt qu'au plaisir égoïste, l'âme jouit de sa propre activité. Elle se fait semblable au Vouloir universel qui coïncide entière-ment avec lui-même. Ce qu'elle veut, elle l'est. Ainsi s'expli-que le paradoxe d'un effort sans résistance : une force déve-loppe librement ses virtualités. C'est ce pur élan, que rien n'entrave ni ne freine, qui suscite le sentiment de la grâce analysé dans *l'Essai*. Par sa souplesse, son dynamisme et sa légèreté, le danseur semble animé d'une énergie intarissable. De même, tout entier adhérent à lui-même, le moi ici ne peut pas plus s'empêcher de déployer sa force agissante que le soleil ne peut s'empêcher de répandre sa lumière (p. 247).

Faut-il attribuer une telle spontanéité à cette seconde nature qu'est l'habitude ? Ce serait ignorer l'audace du génie pratique qui crée un nouveau « ton vital » (p. 57). S'identifiant par l'intuition au Vouloir originaire, il reprend à son compte « l'exigence de création » (p. 44 et 269). L'intuition profonde ne se contente pas en effet de percevoir ou de connaître ; elle veut et elle agit. Alors qu'instinct et habitude participent de la tendance générale à la détente, elle renoue avec la tendance générale à la tension et se met à son service. Plutôt que de se prendre lui-même pour fin, comme dans l'égoïsme, l'individu se fait un moyen pour accomplir l'essence créatrice de la vie. C'est dans cet esprit que le mystique veut être un instrument de Dieu. Ainsi nous révèle-t-il le sens de la vie humaine qui est de continuer l'évolution au-delà de ce qu'elle a été dans la nature.

Pour convertir entièrement et définitivement la volonté au lieu de simplement la mouvoir, il faut une force supérieure à la pression de la société ou même de l'instinct. Ce qui par défini-tion ébranle l'âme, c'est l'émotion. Il ne s'agit pas d'une émotion superficielle comme la peur qui provient de la représentation d'un objet extérieur et affecte le système nerveux. C'est une émotion d'un tout autre genre, dont la « puissance propulsive » (p. 47) pénètre, entraîne et soulève toute l'âme. Suscitée par l'intuition, elle est un « élan reçu du fond même des choses » (p. 269). Car on ne peut pas coïncider avec une force créatrice sans la sentir se propager en nous. Nulle représentation ne peut émouvoir notre sensibilité profonde comme le fait ce contact intime avec l'essence dyna-mique de la réalité. Indépendante de toute représentation particulière, l'émotion en fait naître de multiples. Par sa fécon-dité inépuisable, elle inspire une nouvelle conception de la vie humaine. L'intelligence est alors tout autant éclairée et orien-tée que stimulée et aiguillonnée par ce supra-intellectuel qui l'imprègne. Elle qui est naturellement faite pour la fabrication, elle devient capable de création, puisque toute émotion profonde est créatrice, et qu'inversement « création signifie avant tout émotion » (p. 42).

Il existe donc *une deuxième source de la morale et de la religion, toute différente de la première : l'émotion.* Elle constitue un autre remède aux excès dangereux de l'intelli-gence, qui a l'avantage d'éviter les absurdités et les violences qui nous faisaient désespérer de l'humanité. Sans doute l'émotion créatrice ne nous garantit-elle pas la réussite de l'action ou de l'œuvre qu'elle inspire. Mais, certain d'aller dans le sens de l'élan de vie originel, le héros moral ou le mystique éprouve une confiance si supérieure à celle du superstitieux qu'elle en est «transfigurée» (p. 227). En s'unissant au principe absolu, il se sent soutenu par lui et débordant de vie, même lorsque les circonstances sont défavorables à son action. De là vient sa sérénité joyeuse et inébranlable. De façon plus cruciale encore, non seulement l'émotion morale et religieuse empêche l'action déprimante de l'intelligence, mais elle empêche son action dissolvante. En renouant avec l'énergie créatrice qui le traverse comme elle traverse toutes choses, le grand homme moral se sent apparenté à toutes les âmes, et même à la nature entière. Un tel sentiment moral ressemble au sentiment esthétique dans lequel nous nous éprouvons unis à tous et à tout : «quand la musique pleure, c'est l'humanité, c'est la nature entière qui pleure avec elle» (p. 36). Nous nous identifions à cette force universelle que la musique exprime à sa manière. Même si l'émotion esthétique ne convertit pas entièrement et définitivement notre volonté, même si elle est contemplation et non pas action, elle est de même nature que l'émotion morale. Ce n'est pas un hasard si, dans *l'Essai*, l'analyse des sentiments moraux suivait celle des sentiments esthétiques, faisant de l'art une sorte de propédeutique à la morale. En remontant à la source même de toute réalité, le grand mystique accroît encore ce sentiment de communion universelle. Il est animé de l'«émotion particulière d'une âme qui s'ouvre, rompant avec la nature qui l'enfermait à la fois en elle-même et dans la cité» (p. 50).

Le clos et l'ouvert

Une telle ouverture distingue absolument la conduite inspirée par l'émotion créatrice de celle qui demeure assujettie à la pression de l'instinct. Même la manière d'aimer ou de se sacrifier diffèrent du tout au tout. La morale sociale prescrit à l'individu de se dévouer à sa famille et à sa patrie, jusqu'à risquer sa vie si elles sont menacées. À la sociabilité pour le groupe se mêle donc l'insociabilité pour ceux qui lui sont extérieurs. Aimer les siens, c'est se préparer à haïr les autres. Parce qu'elle limite la communauté des semblables, une telle morale exclut et sépare autant qu'elle unit. Si elle lutte effectivement contre l'égoïsme individuel, elle ne fait que renforcer « l'égoïsme de la tribu » (p. 295). Mais ce qui est un bien pour la morale close est un mal pour la morale ouverte. À cet amour naturel enraciné dans l'instinct, elle oppose un amour universel qui rassemble l'humanité toute entière dans une seule et même société. Loin de simplement étendre quantitativement la sociabilité initiale, elle la transforme qualitativement en lui ôtant tout germe d'insociabilité. Il n'y a aucune commune mesure entre un sentiment limité et exclusif, donc nécessairement mêlé du sentiment contraire, et un sentiment illimité, pur, indépendant de tout objet déterminé. Suscité par la conversion de la volonté, l'amour de l'humanité consiste en effet non pas dans un simple état de conscience mais dans un état d'âme, c'est-à-dire dans une attitude ou une orientation générale qui précède ses manifestations particulières. Bien que toutes les âmes ainsi régénérées vivent dans le même esprit, chacune le fait à sa manière, selon sa personnalité. En assujettissant tous les membres d'une société à des règles communes, la morale sociale rend les individus semblables. Par le moi social, chacun ressemble à tous. Tout à l'inverse, parce qu'elle mobilise le moi profond, la morale ouverte exalte l'originalité individuelle. Ses grandes figures sont des personnalités exceptionnelles. Chacune crée une manière originale de vivre avec les autres.

Amour universel et création, voilà donc ce qui caractérise l'âme véritablement morale ou mystique. Car aimer, ce n'est pas seulement sentir, c'est s'efforcer de transformer le monde humain. Le mysticisme complet se définit comme « action, création, amour » (p. 238), à l'image de cet « amour qui a tout fait » qu'il voit en Dieu. Bien plus, l'amour est « l'essence même de l'acte créateur » (p. 97). C'est parce qu'elle est aimante, ouverte sur les autres, que la générosité est féconde et créatrice. On pourrait toutefois s'étonner d'une telle assimilation de l'amour et de la création, de l'ouverture et du dynamisme. Que l'amour puisse être ingénieux, on le conçoit sans peine. Mais comment Bergson peut-il aller jusqu'à soutenir que « l'énergie créatrice doit se définir par l'amour » (p. 273) ? L'analyse de l'acte créateur, humain ou divin, nous le fait comprendre. La création consiste à tirer de soi une réalité nouvelle qui nous exprime. Loin de tout rapporter à soi dans un mouvement égoïste, le moi s'élance hors de lui-même. Il est origine sans être but, source sans être centre. C'est ainsi que l'intarissable énergie créatrice du principe absolu se déploie, se répand, rayonne dans tout l'univers. Au lieu de rester confinée, sa vie se diffuse dans un mouvement d'extravasation. Or, une telle dilatation de soi définit aussi l'amour. Aimer, c'est donner aux autres une part de sa vie, de son énergie, de sa puissance créatrice, comme le montre le grand mystique qui « transmet de proche en proche, lentement, une partie de lui-même » (p. 249). Il ne le communique pas par une contrainte ou par une pression extérieure, mais par le pouvoir attractif et contagieux de l'émotion.

L'analyse de la morale et de la religion conduit donc Bergson à un dualisme tout aussi tranché que dans ses ouvrages précédents, qui oppose le clos à l'ouvert, le statique au dynamique, la routine de l'instinct et de l'habitude à la création, l'infra-intellectuel au supra-intellectuel, l'espèce au génie. Il distingue absolument deux sortes d'obligation (devoirs envers ses concitoyens, devoirs envers l'humanité), comme deux genres d'amour, d'émotion, de sensibilité. Il différencie radicalement deux attitudes : s'abandonner à la pente naturelle des instincts et de l'espèce, ou s'élever au-dessus d'eux pour renouer avec l'élan vital. L'espèce ayant toutefois été créée par cet élan même, le dualisme se résout ici encore dans un monisme, « la dualité se résorbe dans l'unité » (p. 98). C'est par là que s'explique et que peut être surmontée l'ambiguïté de la notion de nature. Dans un sens étroit, elle désigne ce qui, natif ou inné, est donné immédiatement et inconsciemment. S'enracinant dans l'instinct, dépendant de la vie corporelle, morale close et religion statique sont « naturelles » (p. 217). Tout à l'inverse, n'est ouvert et dynamique que ce qui s'élève au-dessus de la nature jusqu'à en sortir, que ce qui est donc d'ordre métaphysique. Mais, comme il n'y a pas d'arrière-monde, la notion de nature peut désigner aussi l'ensemble de la réalité en tant qu'elle se fait continuellement. Comme chez Aristote, la nature est ce qui croît, quoique sans but déterminé. Si l'émotion créatrice est si enthousiaste, c'est qu'elle se sent transportée par cette « marche en avant » (p. 49). Rien n'est alors plus naturel que la morale ouverte et la religion dynamique qui prolongent l'élan de la vie universelle. Ce sont le clos et le statique qui vont cette fois contre la nature, ou tout au moins qui préfèrent l'arrêt de l'élan à l'élan lui-même. Une même nature se fait ou se défait, crée de nouvelles espèces ou s'ankylose dans celles qu'elle a déjà créées. Alors que le mal consiste à en rester aux données instinctives de l'espèce, prenant le provisoire pour du définitif, le véritable bien s'efforce de faire triompher l'essence créatrice de la nature. Encore faut-il pour cela «une nature morale privilégiée» (p. 80). Doté d'une disposition *innée* à créer, le génie pratique réunit en lui les deux aspects de la nature.

C'est l'existence de grandes figures morales et mystiques qui nous empêche donc de «prendre l'humanité en dégoût». Naturellement détachées des caractères innés de l'espèce, elles ont substitué l'esprit de paix à l'instinct de guerre. Il n'est toutefois réservé qu'à certains favoris de la nature d'être «plus qu'homme» (p. 226). La plupart ne sont que des hommes, incapables d'expériences morales et religieuses aussi affranchies de l'instinct. L'impossibilité de reproduire de telles expériences pour les vérifier pourrait même faire douter certains esprits scientistes de leur vérité. La certitude d'entrer en contact avec une «puissance de créer et d'aimer» (p. 279) pourrait leur paraître tout aussi illusoire que les croyances fictives nées de la fonction fabulatrice. Qu'est-ce qui nous garantit qu'elle ne prend pas, elle aussi, l'irréel pour le réel?

Mais un examen plus attentif montre que morale ouverte et religion dynamique rompent absolument avec les fantaisies de l'imagination fabulatrice. Au lieu de varier les mêmes croyances fondamentales, elles inaugurent une nouvelle manière de penser, de sentir et d'agir. Alors que la fabulation est incapable de produire «rien d'absolument nouveau» (p. 197), elles changent qualitativement l'humanité. C'est pourquoi Bergson décrit la religion statique en termes de «fabrication» (p. 172) ou «d'invention» (p. 181 et 210) plutôt que de «création». Ses représentations fictives s'adressent aux membres d'une communauté particulière et prolifèrent d'autant plus que la société est fermée et stagnante. Tout à l'inverse, la morale ouverte de Socrate ou des Évangiles peut émouvoir tout homme et emporter son adhésion. A la manière des grandes œuvres d'art, elle trouve un écho universel. Chacun peut s'y reconnaître car il retrouve en lui le même élan créateur. Le caractère exceptionnel des individus capables de créer un nouveau sentiment moral ou religieux n'empêche pas qu'une multitude puisse ensuite le partager. S'il existe des personnes imperméables à ce genre d'expérience, ce n'est pas là un argument suffisant contre elle : « certains, sans aucun doute, sont totalement fermés à l'expérience mystique, incapables d'en rien éprouver, d'en rien imaginer. Mais on rencontre également des gens pour lesquels la musique n'est qu'un bruit » (p. 261).

Une telle contagion ne s'explique que par la présence en nous d'une tendance réelle, bien que souvent inactualisée, à l'intuition, à l'émotion, à la création. Si nous n'étions pas des artistes virtuels, comment pourrions-nous comprendre une œuvre d'art ? De même, il doit bien y avoir en nous « un mystique qui sommeille et qui attend seulement une occasion de se réveiller » (p. 102). Ouverture et dynamisme constituent donc une tendance plus ou moins développée dans l'esprit humain. Contrariée par la tendance contraire à la clôture et au statisme, elle alterne avec elle. Bergson voit dans l'histoire un va-et-vient entre la recherche égoïste du luxe qui suit la pente de l'instinct, et la propension à l'ascétisme et au sacrifice qui va en sens contraire. Tantôt l'esprit tend à se matérialiser en se subordonnant à la vie corporelle ; tantôt il tend à se spiritua-liser en s'en rendant le plus possible indépendant. Comme la matière, le mal résulte d'une déficience du vouloir. L'esprit se détourne de sa tâche, en démissionne, pour s'abandonner à la paresse et à la facilité.

D'un côté, cette alternance des tendances nous laisse espérer un retour collectif à la simplicité et à la paix, après la frénésie de luxe qui a conduit à la guerre. D'un autre côté toutefois, elle fait douter que l'humanité puisse se libérer d'une oscillation qui ramène périodiquement les pires maux. Le quatrième chapitre des *Deux sources* hésite souvent entre optimisme et pessimisme. Loin d'être une fatalité, l'histoire dépend pour une part de la volonté humaine. Malgré le caractère indestructible de l'instinct social, on peut éviter ses conséquences belliqueuses en mêlant au sentiment social un peu du sentiment moral ou mystique inspiré par les grandes figures de l'humanité. De même qu'une œuvre d'art inédite transforme progressivement le goût du public qu'elle a d'abord déconcerté, l'exemple du héros moral ou mystique change peu à peu les mentalités, jusqu'à susciter dans la société un nouvel état d'âme. C'est ainsi que, sous l'impulsion du christianisme et de personnalités créatrices, certaines sociétés se sont ouvertes et démocratisées. Au lieu d'en rester à un droit strictement national, elles ont affirmé le droit absolu et inviolable de la personne. Elles se sont également efforcées d'instaurer un droit international destiné à réguler pacifique-ment les différends entre Etats. Une avancée décisive a été accomplie lorsque « des bienfaiteurs de l'humanité » (p. 305-306) ont créé la Société des Nations. Ces signes encourageants prouvent qu'une lutte contre l'instinct guerrier est possible, même si la guerre restera toujours une menace. Le tout est de le vouloir avec fermeté et persévérance. Mais encore faut-il que l'humanité sache que « son avenir dépend d'elle » (p. 338). Il sera ce qu'elle en fera. Ainsi se dessine le rôle de la philo-sophie : rendre à l'humanité la conscience de sa liberté et de sa destination ; lui rappeler que la vie de l'esprit est la vie la plus créatrice, et par conséquent, la plus vivante.

CONCLUSION

Pas plus en philosophie qu'en politique, Bergson n'était un révolutionnaire. La société a besoin de la stabilité des règles morales et des lois politiques pour se réformer sans violence et faire progresser le droit et la paix. De même, ce n'est pas en faisant table rase des conceptions passées que la philosophie peut se renouveler. Quoique conscient de la nécessité pour la métaphysique de se rénover, Bergson n'en a pas moins inlassablement étudié les philosophes du passé. «Certes», reconnaissait-il, «nous avons quelque chose de nouveau à faire (…) ; mais, pour être du nouveau, ce ne sera pas nécessairement du révolutionnaire» (PM, p. 117). Il sera même nécessaire de ne l'être pas. Pas plus dans la philosophie que dans la société, et pas plus dans la société que dans la vie, il ne peut en effet y avoir de modernité sans tradition, ni de nouveauté sans conservation, ni de présent qui ne soit gros de son passé. La philosophie se renouvelle en s'imprégnant des grandes pensées du passé et en suivant leur exemple. Il ne s'agit pas de les imiter en en reproduisant le contenu, quitte à l'adapter au présent, mais de les prolonger dans une voie inédite. Comme toute œuvre d'art donne le désir de créer, toute philosophie est un appel à philosopher, une incitation à conquérir sa propre pensée.

Non seulement la continuité n'empêche pas la discontinuité, mais c'est même elle qui la rend possible, qui la secrète. Bergson suit ses prédécesseurs, en particulier les philosophes de la vie que sont Aristote et Leibniz, tout en rompant avec eux. Bien qu'il en soit la postérité, il inaugure un style philosophique original et donne une direction toute différente à la métaphysique de la vie.

Mais c'est des philosophes déductifs ou mécanistes qu'il s'éloigne le plus, renversant autant leur conception du rapport entre les concepts et les choses que celle du rapport entre l'éternité et le temps. Comme les sciences qui leur servent en général de modèle, ils ont en effet méconnu le temps jusqu'à le dénaturer et le déréaliser. Or Bergson était devenu philosophe en découvrant l'incapacité de la science à penser le temps *réel*. Elle en fait une variable ou un paramètre de la réalité, alors qu'il est la réalité même, dans ce qu'elle a de plus essentiel. En le soumettant à la mesure et au calcul, elle lui donne une étendue semblable à celle de l'espace, elle transforme l'intensif en extensif, la qualité en quantité. Si la philosophie veut penser le temps, il lui faut donc se dissocier de la science, se constituer en une connaissance autonome qui a son propre objet, sa propre méthode, sa propre faculté. La philosophie s'est souvent pensée comme un savoir de même nature que la science, comme le suggère l'image cartésienne de l'arbre où la métaphysique est à la physique ce que les racines sont au tronc. Tout à l'inverse, alors même qu'il s'était consacré dans sa jeunesse à l'étude des sciences et destiné à l'élucidation de leur méthode, Bergson a découvert qu'un tout autre genre de connaissance est requis pour saisir ce qu'il y a d'essentiel dans la réalité. La métaphysique se distingue alors de la science comme l'intuition se différencie de l'intelligence, ou comme la compréhension intime de la durée s'oppose à l'étude mécaniste de la matière, ou encore comme la connaissance désintéressée de l'intériorité rompt avec le pragmatisme d'une connaissance visant toujours l'utilité. Les philosophes ne sont ni des savants ratés, qui se complaisent dans l'approximatif, ni des savants privilégiés, qui systématisent les acquis dispersés dans les diverses sciences. D'égale dignité, philosophie et science sont deux connaissances complémentaires, qui gagnent à collaborer mais perdent à nier leur différence.

Si la philosophie a pu elle aussi s'égarer jusqu'à ôter toute réalité au temps, c'est précisément en raison de cette excessive proximité avec la science. De même qu'il semble impossible au scientifique de trouver dans le présent quelque chose qui ne puisse s'expliquer par des causes passées, de même Descartes avait-il considéré comme un axiome qu'il ne pût y avoir plus de réalité dans l'effet que dans la cause. La philosophie comme la science escamote alors le caractère essentiellement novateur de la durée. Soumettant l'ensemble de la nature au principe d'inertie, elle nie l'existence d'aucune spontanéité, d'aucune virtualité, d'aucune tendance. Rien dans le présent ne se porte vers l'avenir, rien ne s'efforce de le faire advenir. Aussi dépourvu de dynamisme que de tension, le temps ainsi conçu ne peut pas trouver en lui-même la force de lier les instants successifs. C'est pourquoi Descartes associait à ce premier axiome un second, selon lequel l'instant présent ne dépend pas de celui qui le précède. Quoique son contenu en résulte mécaniquement, son existence ne peut pas s'expliquer par la sienne. De ce qu'un instant existe, il ne s'ensuit pas qu'un autre doive exister. Le premier ne suffit pas à produire le second. Il faut pour cela une puissance divine, extérieure au temps et toujours agissante, qui crée un instant après l'autre dans ce que Descartes appelait « la création continuée ». Ne se suffisant pas à lui-même, le temps dépend de l'éternité. Mais, s'il est impuissant à faire arriver l'avenir et donc à passer, comment mieux dire qu'il n'est rien ?

En tirant les conséquences ultimes du mécanisme, Descartes prolongeait la métaphysique traditionnelle, qui réduisait le temps à n'être qu'un déchet de l'éternité. Elle faisait de l'éternité la réalité principielle et substantielle, et du temps une réalité dérivée, dégradée, amoindrie, inessentielle. S'élevant au-dessus des choses matérielles et sensibles, elle voulait atteindre un tout autre ordre, immatériel et atemporel, qui en serait le fondement. Mais si l'éternité est hors du temps, comment pourrait-elle toutefois le fonder ni même avoir aucun rapport avec lui ? La question du lien entre éternité et temps risque de n'être qu'un pseudo problème conduisant la philosophie à des impasses. C'est ainsi que Platon concevait le sensible soumis au changement comme l'image d'un modèle intelligible et immuable. Mais comment ce qui s'altère continuellement pourrait-il ressembler si peu que ce soit à ce qui est toujours identique à soi ? Spinoza attribuait à la substance divine des modes finis temporels. Mais, si tout est en Dieu, comment du changeant pourrait-il s'introduire dans l'immuable, et comment des choses temporelles pourraient-elles être des expressions ou des manières d'être de la substance éternelle ? Kant distinguait le phénomène, toujours temporel, de la chose en soi, qui est atemporelle. Mais comment l'immuable pourrait-il nous apparaître changeant, et comment aucune succession pourrait-elle se produire dans ce qui n'a ni avant ni après ?

Le temps ne peut donc pas plus dériver de l'éternité que le mouvement ne peut venir de l'immobile, ou le changement surgir de l'immuable. Ce n'est pas le mouvement qui est fait de positions immobiles, c'est l'immobilité qui résulte de l'arrêt temporaire et incomplet d'un mouvement. De même, toujours précaire et instable, le repos succède au changement au lieu de le précéder. C'est pour avoir subordonné le mouvant au fixe que Zénon d'Elée s'est heurté à des apories, jusqu'à déclarer le temps impensable. Mais, loin de se fonder sur une éternité originaire, le temps est en fait le principe absolu qui ne dépend de rien mais par lequel toute chose existe. Il n'est pas seulement quelque chose de la réalité, mais ce qui la constitue. Secrète spontanéité continuellement à l'œuvre dans l'univers, il porte le présent vers l'avenir tout en lui faisant assimiler le passé. Il n'a donc besoin d'aucun support extérieur, étant lui-même le support ou la substance de toute chose. Pleine de virtualités s'efforçant de se développer, la réalité se définit comme tendance, c'est-à-dire comme tension ou comme force. Le dynamisme qui la fait passer d'un état à un autre tout différent, c'est cela le temps.

Le temps ne se réduit donc pas à n'être qu'un ordre symétrique à celui de l'espace, ordre de la succession faisant pendant à l'ordre de la juxtaposition. Il est la force intérieure par laquelle se crée continuellement la réalité, sans besoin d'un Dieu transcendant et tout-puissant qui la produirait de l'extérieur. Bergson inaugure donc une nouvelle métaphysique, qui pense et perçoit toute chose dans la lumière de la durée, plutôt que, comme chez Spinoza, sous l'espèce ou sous l'aspect de l'éternité. Mais ce n'est pas pour autant qu'il réduit la réalité à de la matière. Tout à l'inverse, la force qui la dynamise de l'intérieur ne peut être qu'immatérielle. La métaphysique faisait ordinairement de la matière le lieu privilégié du devenir, et l'opposait à l'atemporalité du fondement immatériel. Bergson renverse une telle conception. C'est la matière qui est hors du temps, quoiqu'elle ne le soit jamais entièrement. Ne retenant pas plus le passé que n'anticipant l'avenir, elle n'existe que dans une instantanéité sans épaisseur de durée. Le présent ne peut donc que répéter le passé sous un autre arrangement, sans qu'aucune nouveauté réelle ne vienne l'en différencier. Si le monde matériel se maintient toutefois dans l'existence, c'est qu'il est pris, lui aussi, dans le courant temporel ; mais le dynamisme s'y relâche, alors qu'il s'intensifie dans l'immatérialité des consciences.

En affranchissant le temps de tout fondement éternel, Bergson renouvelle notre manière de penser la réalité. Au lieu d'aller des concepts aux choses, la métaphysique de la durée ne peut aller que des choses aux concepts. Le rationalisme strict commence par l'idée d'une cause première et éternelle, et pense pouvoir en déduire l'ensemble des connaissances. C'est ainsi que Descartes voulait produire l'arbre du savoir à partir de l'idée de Dieu, car elle lui paraissait la première de toutes les idées, comme Dieu lui paraissait la cause de toutes les choses. De même, il est significatif que *L'Ethique* débute par la définition de la cause de soi comme d'une première cause non causée et qui, par conséquent, ne produit pas seulement toute chose mais se produit également elle-même. Parce que sa nature est de se donner l'existence, Spinoza en déduisait qu'elle ne peut qu'exister réellement. De même que ce premier concept contiendrait tous les autres, Dieu contiendrait donc toute réalité. Nul besoin alors pour l'esprit de s'appuyer sur l'expérience ni de vérifier son savoir. La réalité ne pourrait que s'accorder à la pensée sans que la pensée n'eût à se conformer à elle.

Une telle correspondance entre l'ordre logique et l'ordre ontologique est toutefois douteuse. Elle suppose que le temps ne joue aucun rôle dans la production de la réalité. Il est d'emblée compté pour rien. Pourtant, si nous étions plus attentifs à notre vie intérieure et à l'évolution des espèces, nous ne pourrions pas ne pas éprouver son pouvoir actif et producteur. La réalité résiste au concept, elle ne se conforme pas nécessairement à nos raisonnements. C'est pourquoi Bergson a développé dès son premier ouvrage une philosophie de l'ouverture : c'est à l'esprit de s'ouvrir à la réalité, d'aller à sa rencontre, d'y ajuster sa pensée au lieu de supposer un accord originaire. La réalité ne se plie pas aux concepts, la chose n'est pas un reflet de l'idée, l'existence n'est pas un double de la notion. Il ne suffit pas de *concevoir* que, dans la cause de soi, l'existence résulte nécessairement de l'essence, pour être assuré qu'elle existe *réellement*. Mieux vaut pour la métaphysique procéder plus modestement, en s'en tenant aux faits observables. La pensée recourt ensuite aux concepts pour exprimer ce qu'elle a découvert sans eux. C'est en les moulant sur la réalité extérieure qu'elle évite qu'une telle expression ne la trahisse.

Aussi la connaissance philosophique commence-t-elle avec l'intuition, qui n'est pas une idée, mais une expérience concrète et directe. Loin de partir d'un premier principe conçu pour englober toute réalité, elle arrive progressivement à la pensée d'un élan vital unique qui anime l'univers. En découvrant des fonctions similaires dans des espèces très éloignées, et en retrouvant les mêmes propriétés (tantôt latentes, tantôt actualisées) dans les règnes végétal et animal, Bergson en a inféré l'existence d'une source de vie commune. Et comme il retrouvait quelque chose de la spontanéité du vivant dans la matière brute, il expliquait la production du monde matériel par l'affaiblissement et le relâchement de la même force vitale originaire. Cette réflexion sur le premier principe n'intervient que dans son troisième grand ouvrage, et s'approfondira encore dans le dernier, où l'analyse du mysticisme et de la morale ouverte le conduisit à préciser ce qu'est la racine même de la vie.

Plutôt que de vouloir orgueilleusement tout tirer de lui-même, l'esprit s'efforce ici de se mettre à l'unisson du réel, comme pour se fondre en lui. Plus il oublie ses concepts et mieux il comprend que la durée est au cœur de la réalité, et donc que son étude est au cœur de la philosophie. S'il est certain d'être dans le vrai, ce n'est pas par la clarté et la distinction de son idée, mais par l'émotion qu'il éprouve au contact de la force vitale. Recevant son impulsion, il en est tout entier ébranlé, de sorte qu'il est absolument assuré de s'être uni à la vie profonde de la réalité. Alors que les concepts sont simplement *conçus* par l'intelligence, l'intuition est intensément *vécue* par l'esprit. Elle l'insère dans l'élan universel, de sorte qu'il s'en éprouve revivifié. Lorsqu'elle est animée par une telle intuition, l'œuvre philosophique ne peut être que vivante et viable. Tous pourront s'y retrouver, à condition toutefois de ne pas seulement s'attacher à la clarté et à la distinction que l'intelligence cherche dans les idées, mais à sympathiser avec le mouvement de pensée issu de l'impulsion initiale. Dans le rationalisme cartésien ou spinoziste, la forme rationnelle de la pensée suffit à garantir l'objectivité de son contenu. Chez Bergson, c'en est plutôt la vitalité.

On comprend alors que Bergson se soit avant tout intéressé aux philosophes de la vie comme Aristote ou Leibniz. Car ils ont su penser la spontanéité à l'œuvre dans le temps. Si l'âme est appelée «entéléchie», c'est qu'elle porte en elle-même sa propre fin. Le vivant trouve donc en lui le principe de son changement. S'appliquant à réaliser progressivement sa fin, la vie se définit par la tendance. Le présent tend vers l'avenir comme à son accomplissement ou son achèvement. Il n'a pas sa raison d'être ni sa suffisance en lui-même, mais travaille à faire advenir un état futur qu'il porte en germe. En actualisant ce qu'il contenait en puissance, le vivant *devient* autre tout en restant le même individu. Loin de se réduire à une série décousue et chaotique d'instants, comme chez Nietzsche, le devenir est donc l'évolution continue et orientée par laquelle une tendance se réalise progressivement. Sa continuité s'explique par cette sorte d'appétition qu'est la vie. C'est comme si la graine désirait se faire plante, comme si le chiot désirait être chien. Suivant en cela Aristote et Leibniz, Bergson a identifié la vie à un vouloir.

Mais il a pourtant rompu avec eux, en opposant à leur finalisme une philosophie de la création. La notion d'entéléchie suppose en effet que l'âme contient sa fin dès le commencement, de sorte que tout était déjà donné au début. Ce qui est contenu en germe n'a plus ensuite qu'à se développer, jusqu'à ce que le possible passe entièrement dans le réel. C'est par un tel processus que Hegel pensait l'ensemble de la réalité comme l'auto-développement de l'Esprit universel. Mais, pour Bergson, le temps ne fait pas qu'actualiser ce qui était d'abord en puissance. Il ne se borne pas à déployer dans l'extériorité ce qui était enveloppé dans l'intériorité initiale. Car une telle conception ne rend pas beaucoup plus compte de l'efficacité du temps que le mécanisme. Parce que le résultat précède idéalement le processus qui le réalise, le finalisme est une sorte de mécanisme à l'envers. L'effet y précède la cause au lieu de lui succéder. Mais ici et là le temps ne fait qu'advenir ce qui était déjà donné.

Si le devenir consistait à s'acheminer vers une fin prédéterminée, il se bornerait donc à accomplir une destination intemporelle, à déployer dans la succession l'éternité de l'essence. Penser que l'acte précède la puissance ou que l'essence précède l'existence, c'est toujours soumettre le temps à un principe atemporel. Si le Dieu leibnizien a pu choisir le meilleur des mondes possibles, c'est en effet parce qu'il voyait l'infinité des prédicats contenus dans chaque notion. Le monde créé ne faisant que convertir le possible en réel, il est ici conçu comme une sorte de duplicata de la vision divine, sans rien d'imprévisible ni de surprenant. Sans doute le passage d'un état à un autre requiert-il une tension absente de l'éternité. Prises dans une inquiétude continuelle, les entéléchies tendent à réaliser successivement leurs prédicats. Mais aucune réelle nouveauté ne peut surgir dans ce temps qui se contente de rendre manifeste ce qui était latent, de la même manière qu'un film déroule des images déjà enregistrées quoique d'abord cachées. La création divine dont parlait Leibniz n'est donc pas une véritable création. L'expérience de l'art comme celle de la liberté révèlent qu'il y a dans l'œuvre ou dans l'action quelque chose d'irréductible à l'intention initiale. Ne sachant pas comment il finira sa symphonie, un compositeur la découvre à mesure qu'il l'écrit. De même, une action n'est libre que si elle est créatrice, et n'est créatrice que si on ne sait pas au début quelle décision résultera de la longue délibération intérieure. Grâce à l'action du temps, quelque chose est donc à la fin qui n'était pas au commencement. C'est pourquoi Bergson définissait le vouloir non comme la tension vers un objet déterminé qui serait conçu à l'avance, mais comme l'effort pour créer des formes imprévisibles. Quoique dépourvu de tout but prédéfini, cet effort a pourtant une direction qui en fait le sens. *Un sens sans but* ou *une tendance sans fin*, voilà qui libère le temps de tout fondement extérieur. Autosuffisant, il existe par lui-même et ne peut être pensé que par lui-même, dans une intuition directe, ce qui explique que Bergson ait pu en faire une substance.

Si le temps est substantiel, il s'ensuit que la tension ne dépend de rien d'atemporel, et donc qu'elle est originaire. Elle n'est pas plus le simple moyen pour une essence éternelle de se diffracter dans la succession de l'existence, que l'inquiétude d'une âme impatiente de devenir elle-même et en mal d'achèvement. Rien ne manque à un vouloir qui ne vise rien de déterminé, mais qui exerce son effort dans la direction qui est la sienne. La conception bergsonienne de la vie et du temps conduit à une philosophie de la plénitude, qui ne laisse aucune place à l'inquiétude ou à la négativité (telles qu'on les rencontre chez Leibniz, Hegel, ou encore chez Sartre). Car non seulement le vouloir est une force créatrice qui n'en finit pas de créer, mais il est même une force de plus en plus créatrice. Plus il crée, plus il augmente sa tension et son pouvoir de créer, de sorte que rien ne pourra jamais achever ni clore le devenir. Bien loin qu'on ait alors affaire à quelque manque continuel, la réalité est au contraire prise dans un mouvement infini d'expansion. La philosophie de la plénitude est aussi une philosophie de l'ouverture et de l'infini.

Mais si la force du vouloir originaire peut ainsi croître à l'infini, c'est qu'elle n'est pas infinie. Il ne se peut donc pas que celui-ci ne relâche parfois sa tension. Renonçant alors à son pouvoir créateur, il se dégrade en matière. Ce n'est donc pas le temps qui est un déchet de l'éternité, mais au contraire l'instantanéité de la matière qui est un déchet ou un résidu de la durée. Créant son propre obstacle, la vie lutte contre la résistance qu'il lui oppose et s'efforce d'en triompher. La réalité est donc faite de deux tendances antagonistes, dont l'une tend à monter une pente que l'autre tend à descendre. Mais originairement, la tension a précédé la détente, comme la durée, la vie et l'intériorité ont précédé la matière, le mécanisme et l'extériorité. Encore n'y a-t-il pas de pure matérialité sans durée, de pure extériorité sans intériorité, ni de pur mécanisme dépourvu de toute spontanéité, car la matière conserve toujours quelque chose de la tension première. La durée ne peut pas se dégrader jusqu'à se détruire. Même dans le monde matériel, il en reste suffisamment pour qu'un moment tende vers le suivant et pour qu'un peu de nouveauté rompe la banale répétition du passé dans le présent. Car le temps n'est pas la forme complémentaire de l'espace, mais la source même de cette tendance à s'étendre, à s'étaler, à se déployer dans l'extériorité qu'est la matière. L'intériorité est première, parce qu'elle peut s'extérioriser, alors que l'extériorité ne peut pas s'intérioriser. La vie peut s'ankyloser dans la matière, mais la matière ne peut pas, d'elle-même, s'animer, se vivifier, se rendre capable de spontanéité. Il suffit donc que le vouloir relâche son effort créateur pour que mouvements et changements deviennent mécaniquement déterminés, et pour que la durée perde son efficacité.

Trois conséquences découlent de ce primat ontologique de la tension. La première est que Bergson est un *spiritualiste*, même si ce spiritualisme n'est ni un obscurantisme, ni un irrationalisme, ni un mysticisme, comme il lui a été parfois reproché. Ce n'est pas parce que Bergson a étudié philosophiquement le mysticisme que sa philosophie en serait devenue elle-même mystique, ni parce qu'il a montré l'insuffisance de l'intelligence pour comprendre la réalité que sa philosophie en serait devenue irrationnelle ou obscure. Son spiritualisme consiste, comme chez Ravaisson, à rendre compte de l'inférieur par le supérieur. Alors que le matérialisme explique l'esprit par la vie et la vie par la matière, Bergson pensait qu'il y a déjà de la spontanéité et une vie intérieure dans la matière brute, et qu'il y a déjà une conscience, – et donc quelque chose de spirituel, chez les vivants. La source de la vie et de la durée étant un vouloir, c'est bien l'esprit qui est au principe de la réalité tout entière. Ce n'est donc pas avec de la matière que se fait l'esprit, c'est avec de l'esprit que se fait la matière. D'essence spirituelle, la vie et le temps se retrouvent en toute chose, mais à des degrés de tension différents à mesure qu'on passe du monde matériel aux vivants puis à l'esprit humain.

Il s'ensuit, comme une seconde conséquence, que sa philosophie est une pensée de la *création* et non du *hasard*. Ce n'est pas parce que ce qui survient par hasard est indéterminé et imprévisible qu'il y a là la moindre création. Toute création résulte en effet d'un mûrissement intérieur et continu, et ne peut donc pas plus provenir d'un événement fortuit qu'être livrée à l'immédiateté ou à l'improvisation. Rien n'annonce un tel événement ni la réaction qu'il déclenche. Tout à l'inverse, une action est d'autant plus novatrice qu'elle est plus longuement préparée et que la volonté s'y tend davantage. Tout en est ensuite changé : non seulement la situation extérieure, mais surtout l'intériorité elle-même qui s'est transformée par sa propre extériorisation. C'est ainsi que le talent du peintre se modifie par son œuvre même, de manière à le rendre capable ensuite d'une nouvelle œuvre qu'il n'aurait pas pu créer auparavant. Il n'y a donc de création que par la tension initiale d'un vouloir qui s'extériorise dans une œuvre après un processus intérieur et incompressible de maturation ou d'incubation. C'est pourquoi Bergson récuse la conception héraclitéenne et nietzschéenne d'un temps discontinu et chaotique, où un instant est tout aussi indépendant des autres qu'un coup de dé l'est des précédents et des suivants. La création requiert un devenir continu et le passage progressif de l'intérieur à l'extérieur, de l'intensif à l'extensif, de la tension d'un effort créateur à sa détente dans la matérialité de l'œuvre. Puisque toute réalité provient de la tension d'un vouloir originaire, elle ne laisse aucune place au hasard, dans lequel Bergson ne voyait en fin de compte qu'un pseudo concept.

Mais il n'y a cependant de création que si le vouloir triomphe de la résistance de la matière pour produire une œuvre qui lui ressemble. Le primat ontologique du vouloir et de la tension a donc pour troisième conséquence de conduire Bergson à une philosophie de *l'expression*. Créer, c'est produire une œuvre à la fois imprévisible et expressive. Mais elle ne peut exprimer le vouloir que si la matière se distingue de l'esprit par une différence de nature qui n'est pas pour autant une différence substantielle. L'expression suppose la scission de l'intérieur et de l'extérieur, mais aussi le passage de l'un à l'autre. Or l'esprit ne peut spiritualiser la matière que si elle ne constitue pas une substance qui en serait absolument indépendante. L'expression n'est donc possible que dans un dualisme enraciné dans un monisme originaire. Elle ne serait toutefois qu'une répétition dans l'extériorité matérielle de ce que l'intériorité contenait déjà en elle, si elle ne faisait que réaliser une fin ou une essence initialement donnée. S'il s'agissait uniquement d'expliciter l'implicite ou de manifester le latent, il n'y aurait rien de plus ni rien d'autre dans l'exprimé que dans l'inexprimé. Or l'esprit ne se contente pas de prendre conscience de lui-même dans son œuvre. Il se crée lui-même en même temps qu'il la crée. Du coup, il n'en reste pas à ses œuvres passées, mais s'en sert comme de points d'appui pour la création de nouvelles. Une œuvre réellement expressive n'est donc jamais close. Elle s'ouvre à des œuvres futures, elle fait naître le désir de créer davantage. Elle est donc un appel à ne jamais s'en tenir au déjà fait, à continuer à produire toujours plus de nouveauté. Loin d'être la simple empreinte matérielle d'un contenu spirituel déterminé, elle exprime d'autant mieux l'esprit qu'elle porte en elle son dynamisme insatiable.

C'est pourquoi le vouloir originaire ne crée des œuvres qui lui ressemblent que s'il crée des êtres qui sont eux-mêmes capables de création. Et comme le pouvoir créateur s'augmente à mesure qu'il s'exerce, l'élan vital produit des vivants de plus en plus capables d'innovation, d'initiative et d'expression, de sorte qu'on peut espérer que les hommes triompheront de plus en plus de la matière pour se reconnaître de mieux en mieux dans ce qu'ils font. Dans une marche infiniment ascendante, la création n'en finit pas de conquérir plus de création, et la liberté plus de liberté. La philosophie bergsonienne prend parfois une tonalité épique. Quoique entamé par les épreuves de la guerre, son optimisme l'emporte toutefois à la fin des *Deux sources*. Pour peu que nous le voulions sans nous laisser décourager par les inévitables résistances que le présent ne cesse d'opposer à l'avenir, nous pouvons contribuer à accomplir la vocation de la vie qui est de « faire des dieux » (DS, p. 338), c'est-à-dire des êtres toujours plus créateurs. Nous éprouverons alors la joie de nous sentir portés par une vie sans limites, et qu'on pourrait pour cette raison nommer « éternelle » (PM, p. 176). Loin de précéder ou de fonder le temps, une telle éternité s'ensuivrait au contraire de ce que l'élan a d'inlassable et sa force d'inépuisable. Au lieu de cette « éternité de mort » si souvent associée à la promesse de la béatitude, elle consisterait dans une vie si continuellement créatrice qu'elle abrogerait les limites entre les individus et entre les sociétés. En participant volontairement et activement à cet élan primordial de la vie, nous nous éprouverions unis à son éternité. Comme tant de ruisseaux s'effacent dans le fleuve qu'ils contribuent à grossir, la mort ne serait que l'effacement de notre vie en cette vie plus vaste qui continuerait la nôtre.

BIBLIOGRAPHIE

Œuvres de Bergson

Pour commémorer le centenaire de Bergson, les Presses Universitaires de France ont publié en 1959 une nouvelle édition de ses *Œuvres* établie par André Robinet et préfacée par Henri Gouhier. Elle rassemble en un volume tous les ouvrages publiés de son vivant par Bergson.

Rose-Marie Mossé-Bastide avait auparavant publié, chez le même éditeur, trois volumes d'*Ecrits et Paroles* rendant accessibles aux lecteurs contemporains un grand nombre d'articles, d'écrits, et de discours de Bergson.

La plus grande partie de ces écrits ont été repris en 1972 par les P.U.F. dans un volume de *Mélanges*.

Bergson considérait que sa pensée était exposée dans les sept ouvrages qu'il a publiés, et dont deux rassemblent ceux de ses articles qu'il tenait pour les plus importants :

1889 : *Essai sur les données immédiates de la conscience*
1896 : *Matière et mémoire*
1900 : *Le Rire*
1907 : *L'Evolution créatrice*
1919 : *L'Energie spirituelle*
1932 : *Les Deux sources de la morale et de la religion*
1934 : *La Pensée et le mouvant*

La thèse latine de Bergson *Quid Aristoteles de loco senserit* (1888) a été traduite par Rose-Marie Mossé-Bastide et publiée dans les *Ecrits et Paroles*.

En 1922, Bergson avait publié sous le titre de *Durée et simultanéité* une analyse critique de la notion de temps dans la théorie de la relativité d'Einstein. Mais il avait ensuite exprimé le souhait qu'elle ne fût plus rééditée. On la trouvera néanmoins dans le volume actuel des *Mélanges*.

Ouvrages consacrés à Bergson

CHEVALIER (J.), *Bergson*, Paris, Plon, 1926.

DELEUZE (G.), *Le Bergsonisme*, Paris, 1966.

DELHOMME (J.), *Vie et conscience de la vie*, Essai sur Bergson, Paris, P.U.F., 1954.

GOUHIER (H.), *Bergson et le Christ des Evangiles*, Paris, Fayard, 1964 ; 2ᵉ éd., Paris, Vrin, 1987.

– *Bergson dans l'histoire de la pensée occidentale*, Paris, Vrin, 1989.

GUITTON (J.), *La Vocation de Bergson*, Paris, Gallimard, 1960.

HUDE (H.), *Bergson*, tome I et II, Paris, Éditions universitaires, 1989 et 1990.

HUSSON (L.), *L'intellectualisme de Bergson, genèse et développement de la notion bergsonienne d'intuition*, Paris, P.U.F., 1947.

JANKEKEVITCH (V.), *Bergson*, Paris, Alcan, 1930 (réédité aux P.U.F. en 1959 et 1989).

LAFRANCE (G.), *La philosophie sociale de Bergson. Sources et interprétations*, Ottawa, Éditions de l'Université d'Ottawa, 1974.

LATTRE (A. de), *Bergson, une ontologie de la perplexité*, Paris, P.U.F., 1990.

LE ROY (ed.), *Une philosophie nouvelle, Henri Bergson*, Paris, Alcan, 1912.

MAIRE (G.), *Bergson mon maître*, Paris, Grasset, 1935.

MARITAIN (J.), *Les deux bergsonismes*, Toulouse, Privat, 1912.

– *La philosophie bergsonienne*, Paris, Marcel Rivière, 1914.

MILET (J.), *Bergson et le calcul infinitésimal*, Paris, P.U.F., 1974.

MOSSE-BASTIDE (R.-M.), *Bergson éducateur*, Paris, P.U.F., 1955.

MOURELOS (G.), *Bergson et les niveaux de réalité*, Paris, P.U.F., 1964.

PANERO (A.), *Commentaire des essais et conférences de Bergson*, Paris, L'Harmattan, 2003.

PHILONENKO (A.), *Bergson ou de la philosophie comme science rigoureuse*, Paris, Cerf, 1994.

ROBINET (A.), *Bergson ou les métamorphoses de la durée*, Genève, Seghers, 1965.

SOULEZ (P.), *Bergson politique*, Paris, P.U.F., 1989.

— et WORMS (F.), *Bergson*, Paris, P.U.F., 2002.

THIBAUDET (A.), *Trente ans de vie française*, volume III : *le Bergsonisme*, Paris, NRF, 1923.

TROTIGNON (P.), *L'idée de vie chez Bergson et la critique de la métaphysique*, Paris, P.U.F., 1968.

VIEILLARD-BARON (J.-L.), *Bergson*, Paris, P.U.F., « Que sais-je ? », 1991.

– *Bergson et le bergsonisme*, Paris, A. Colin, « Synthèses », 1999

WORMS (F.), *Introduction à Bergson, l'âme et le corps*, Paris Hatier, 1992.

– *Bergson ou les deux sens de la vie*, Paris, P.U.F., 2004.

Ouvrages comportant d'importantes analyses ou discussions du bergsonisme

BACHELARD (G.), *La dialectique de la durée*, Paris, P.U.F., 1980.

– *L'intuition de l'instant*, Paris, Denoël, 1985.

BRUNSCHVICG (L.), *Les progrès de la conscience dans la philosophie occidentale*, Paris, Alcan, 1927.

CANGUILHEM (G.), *Études d'histoire et de philosophie des sciences*, Paris, Vrin, 1966.

DELEUZE (G.), *Cinéma 1 – L'image-mouvement*, Paris, Minuit, 1983.

– *Cinéma 2 – L'image-temps*, Paris, Minuit, 1985.

GRIMALDI (N.), *Le Désir et le temps*, Paris, P.U.F., 1972, 2e partie ; 2e éd., Paris, Vrin, 1992.

– *Ontologie du temps*, Paris, P.U.F., 1993.

– *Le temps peut-il être un principe ?* Bulletin de la Société Française de Philosophie, Paris, Vrin, 1993/3.

HYPPOLITE (J.), *Figures de la pensée philosophique*, t. I, Paris, P.U.F., 1971, p. 443-498.

LEVI-STAUSS (C.), *Le Totémisme aujourd'hui*, Paris, P.U.F., 1962.

MARITAIN (J.), *De Bergson à Thomas d'Aquin*, Paris, Flammarion, 1947.

MEGAY (J.), *Proust et Bergson*, Paris, Vrin, 1976.

MERLEAU-PONTY (M.), *Les relations de l'âme et du corps chez Malebranche, Biran et Bergson*, Paris, Vrin, 1978.

NABERT (J.), *L'expérience intérieure de la liberté*, Paris, Alcan, 1924.

PARIENTE (J.-C.), *Le Langage et l'individuel*, Paris, A. Colin, 1973.

PEGUY (Ch.), « Note sur M. Bergson et la philosophie bergsonienne », Paris, *Cahiers de la quinzaine*, Paris, 1914, nouvelle édition, Paris, Gallimard, 1935 ; repris in *Œuvres en prose*, Bibliothèque de la Pléiade, t. II, Paris, Gallimard.

SARTRE (J.P.), *L'imagination*, Paris, P.U.F., 1994.

WAHL (J.), *Tableau de la philosophie française*, Paris, Fontaine, 1946.

Études critiques

On consultera toujours avec profit les *Études Bergsoniennes*, t. I à XVI, Paris, Albin Michel, réédition P.U.F.

En 1991, *La Revue Internationale de Philosophie* a consacré à Bergson le 2ᵉ de ses numéros, et la revue *Philosophie* lui a consacré un numéro spécial en juin 1997.

Sur divers aspects de la doctrine bergsonienne, on pourra consulter :

BARUZI (J.), « Le point de rencontre de Bergson avec la mystique », *Recherches philosophiques*, 1935.

BORNE (E.), « Spiritualité bergsonienne et spiritualité chrétienne », *Etudes carmélitaines*, octobre 1932.

BRUNSCHVICG (L.), « Les Deux sources de la morale et de la religion », *Les Nouvelles littéraires*, 1932.

CHEVALIER (J.), « M. Bergson et les sources de la morale », *Revue des Deux Mondes*, mai 1932.

CANGUILHEM (G.), « Commentaire au chapitre troisième de *L'Evolution créatrice* », *Bulletin de la Faculté des Lettres de Strasbourg*, 1943.

DESESQUELLES (A.-C), « L'esthétique bergsonienne : révélation et création », *Giornale di Metafisica*, Gênes, Tilgher-Genova, XXIV, 2002, p. 71 à 100.

GOUHIER (H.), « Autour du bergsonisme », *Revue d'histoire de la philosophie et d'histoire générale de la civilisation*, 1934, p. 279 à 285.

JAMES (W.), « The philosophy of Bergson », *Hibbert Journal*, 1909, n° 3, p. 562 à 577.

JANKELEVITCH (V.), « Deux philosophies de la vie : Bergson, Guyau », *Revue philosophique*, 1924, n° 6.

– « Prolégomènes au bergsonisme », *Revue de Métaphysique et de Morale*, 1928, n° 4, p. 437 à 490.

– « *Les Deux sources de la morale et de la religion* d'après M. Bergson », *Revue de Métaphysique et de Morale*, 1933, n° 1.

LAVELLE (L.), « Henri Bergson », Le Temps, 7 janvier 1941.

NABERT (J.), « Les instincts virtuels et l'intelligence dans *Les Deux sources de la morale et de la religion* », *Journal de psychologie normale et pathologique*, 1934, p. 309-332.

RUSSELL (B.), « The philosophy of Bergson », *The Monist*, 1912, n° 22, p. 321 à 347.

WORMS (F.), « Le paralogisme du parallélisme, *Le Cerveau et la pensée* de Bergson (1904) et sa portée philosophique », *Cahiers philosophiques*, CNDP, octobre 1995.

INDEX DES NOTIONS

action 19, 21, 27, 30, 41, 51, 55, 59, 60, 73, 100-103, 113, 114, 119, 128, 129, 133, 141, 142, 144, 153

art 31-34, 40, 42, 43, 67, 82, 93, 94, 101, 151

bon sens 19-21, 49, 66

changement 27, 43, 54-61, 69-72, 96, 97, 116, 162

concept 25, 29, 72-74, 776, 80, 83, 84, 98, 132, 164-166

conscience 15, 31, 32, 34, 37, 38, 42, 48, 49, 55, 57, 60, 65-69, 77, 86, 88, 89, 97, 105, 106, 111-113, 123, 124, 126, 129-133

continu/discontinu 43, 70, 74, 78, 92, 94, 121, 127, 160, 166, 171

corps 31, 76, 77, 102-110, 113-116, 119-121, 130

création 40, 56, 59, 69, 75, 81, 101, 123, 124, 128, 130, 132, 134, 140, 149, 150, 153, 155, 167-172

Dieu 121, 153, 162, 164, 167, 173

dualisme 76, 104, 110, 121-123, 126, 130-135, 139, 154, 172

durée 45, 56-63, 69, 70, 78, 89, 90, 97, 100, 116-122

effort 28, 34, 39, 40, 47, 52, 67, 75, 132, 135, 149

élan 34, 37, 39, 47, 74, 79, 121, 1129, 130, 135, 149-151, 173

émotion 73, 75, 82, 150-151, 153, 154, 166

espace 44, 63, 96, 97, 125, 169

esprit 28, 29, 36-40,, 50, 51, 63, 69, 75, 76, 80, 81, 102-105, 107, 108, 115, 118-120, 134, 139, 156, 165, 170, 172

étendue 64, 108, 109, 117

évolution 61, 121, 127, 135, 140, 165, 167-170

expérience 28, 29, 38, 40, 41, 47, 49, 55, 64, 71, 82, 155

expression 26, 27, 36, 73-79, 101, 102, 171

grâce 76, 79, 87, 92, 93, 149

image 33, 43, 44, 46, 50, 51, 60-64, 100, 101, 104, 108, 111-113, 120

imagination 41-44, 47-49, 55, 62, 73, 142, 146

instinct 56, 125, 127, 137, 141, 144-148, 169

intelligence 26, 28, 44-47, 50-52, 55, 59, 87, 90, 100, 125, 127, 136-139, 141, 143, 147-151

intériorité 15, 33, 34, 37-42, 48, 54-56, 73, 80, 82, 84, 171

intuition 21, 25-29, 35-43, 47-56, 63, 67, 72-83, 93, 137-139, 148, 149, 166

langage 25-28, 33, 71, 74, 79, 82, 83, 85, 91, 102

liberté 14, 59, 67, 89, 99-102, 120, 129, 130, 140, 145, 172

matière 36, 37, 51, 54, 57, 60, 66, 73-77, 103-106, 110-112, 117-119, 122, 123, 125, 128-131, 134

mémoire 33, 39, 97, 104-110, 119

métaphysique 13, 14, 16, 28, 39, 52, 57, 58, 71, 72, 138, 163-165

méthode 15, 16, 35-41, 85, 87, 103, 109

moi 22, 32, 33, 35-39, 53, 68, 69, 85, 86, 89, 91, 95, 98, 99, 130, 132

monisme 121-123, 127, 133, 154, 172

morale 141-148, 151, 152, 154, 155

mouvement 43-46, 49, 56, 60, 61, 78, 80, 96, 114, 116, 117, 131

œuvre 30, 31, 42, 75, 101, 134, 168

ouvert/clos 152-157

perception 28-40, 43, 50, 88-90, 94, 98, 106-117

philosophie 25, 26, 30, 35, 37, 38, 51, 53, 73, 83, 88, 90, 103, 135-140, 157-161

politique 18-26, 148, 157

présent 33, 46, 48, 57, 62, 64-69, 105, 106, 119, 163

qualité 89, 91-95, 97, 116, 117

quantité 37, 46, 50, 63, 65, 91-95

religion 21, 23, 141-148, 154

rythme 33, 36, 74, 83, 84, 93, 94, 116-121, 126

science 13, 15-17, 36, 37, 41, 46, 51-53, 58-60, 65, 70, 73, 136, 138, 160, 161

sens 39-42, 80, 83, 140-141, 168

sentiment 29, 32-34, 42, 61, 88-94, 102, 152, 156

société 22, 33, 142, 144, 145, 152, 155, 157, 159

substance 25, 27, 70, 71, 104, 108, 109, 122, 123, 135, 139, 162, 168

sympathie 38, 40, 42, 67, 80, 82, 92, 94, 137, 166

temps 13, 44, 46, 57, 58, 60-65, 97, 160-164, 167-169, 173

tendance 37, 57, 76, 99, 122, 123-131, 133, 138, 139, 157, 168, 169

tension/détente 66, 67, 99, 117, 118, 124, 125, 128, 129, 131, 134, 149, 167, 169

vérité 27, 70-73, 82, 83, 165

vie 26, 34-38, 54, 77-81, 121, 123, 124, 128, 131, 133, 137-141, 153, 157, 165, 166, 173

volonté 30, 35, 67, 101, 128-130, 134, 139, 143, 149-152, 157, 168-171

TABLE DES MATIÈRES

LISTE DES ABRÉVIATIONS 8

VIE D'HENRI BERGSON 9
    Une existence discrète 9
    Une vie sans romanesque 13
    La guerre de 1914 : un séisme spirituel 17

LA PENSÉE DE BERGSON 25
    Le langage 25
    La perception 29
    L'intuition comme méthode 35
    L'imagination 41
    Achille et la tortue 44
    L'identité du pensant et du pensé 48
    Le changement 54
    La nature de la durée 56
    La nature du présent 64
    Instabilité et persistance 69
    La vérité 71
    L'expression 73
    La communication 79

LES ŒUVRES MAJEURES DE BERGSON 85
    Essai sur les données immédiates de la conscience 85
        L'immédiat 85

Qualité et quantité 91
L'un et le multiple 95
Moi superficiel et moi profond 98
La liberté 99
Matière et mémoire 102
Le corps et l'esprit : solidarité et irréductibilité 102
Perception et souvenir 106
Perception et chose 110
Le rôle du cerveau 113
Rythme et durée 116
L'Evolution créatrice 121
Dualisme et monisme 121
La nature de la tendance 123
Un vouloir originaire 128
Un dualisme dissymétrique 130
Philosophie et biologie 135
Les Deux sources de la morale et de la religion 140
Le sens de la vie 140
Les dangers de l'intelligence 141
La première source de la morale et de la religion :
l'instinct 144
La deuxième source de la morale et de la religion :
l'émotion 148
Le clos et l'ouvert 152

CONCLUSION 159

BIBLIOGRAPHIE 174

INDEX DES NOTIONS 179

TABLE DES MATIÈRES 181

Imprimerie de la manutention à Mayenne (France) - Septembre 2011 - N° 763784C
Dépot légal : 3ᵉ trimestre 2011